KB181500

나는 왜
나를 못 믿는 걸까?

가면증후군 탈출을 위한 심리치료 11단계

나는 왜
나를 못 믿는 걸까?

미하엘라 무티히 | 유영미 옮김

황소자리

이상한 거울

옛날 성 아랫마을에 농부의 아들이 살았다. 아버지를 도와 농사를 짓던 소년이 어느 날 밭을 가는데 땅속에서 뭔가 반짝이는 물건이 눈에 띄었다.

"이게 뭐지?"

소년이 놀라서 외치자 그 물건이 곧바로 대답을 해왔다. "난 마법의 거울이야!" 그러고 보니 정말로 거울이었다.

거울이 말을 할 수 있는 건, 악한 마녀가 공주를 정신이상에 이르게 해서 끝내 죽게 만들려고 거울에 마법을 걸었기 때문이다. 그러나 마녀의 계략은 발각됐고, 사람들은 거울이 다시는 햇빛에 드러나지 않게끔 땅속 깊은 곳에 묻어 버렸다. 그 이래 거울은 수백 년간 땅속에 묻혀 있었다.

거울을 집어 들고 자신의 모습을 비춰보던 소년은 화들짝 놀라고 말았다.

"하지만 이…, 이건 내 모습이 아닌데…. 내가 왜 이렇게 작고 못생겨진 거지?" 소년은 마음이 상해 거울을 냅다 던져버렸다.

"야, 조심해." 거울이 짜증을 냈다. "너 때문에 깨질 뻔했잖아. 그리고 진실을 말해줄까? 넌 바로 그렇게 생겼어."

"하지만 이제까지 다른 거울들을 봤을 땐 이렇지 않았는걸. 난 실제로 훨씬 더 키가 크다고."

"그 거울들은 널 속이는 거야. 죄다 네 마음에 들게끔 만들어졌거든. 그런 거울들을 믿어서는 안 돼. 나를 통해서만 너 자신을 알 수 있어."

소년은 거울의 말을 고스란히 믿었다. 이후 몇 년이 흘러 소년은 건장하고 잘생긴 청년으로 성장했지만, 자신은 이를 전혀 의식하지 못했다. 하루에도 여러 번 마법의 거울을 들여다보며, 자신이 얼마나 못생겼는지를 확인했기 때문이다. 자신의 변화를 깨닫지 못한 채, 스스로 점점 더 보잘것없는 사람으로 여겼고, 다른 사람 앞에 나서는 걸 꺼렸다. 모두 자신보다 훨씬 크고 멋져 보였으므로, 마을 주민들 앞에 서면 자꾸 주눅이 들었다. 그는 점점 우울해하고, 농장 밖에 나가는 일도 거의 없었다. 너무나 부끄러워 사람들 앞에 나설 수가 없었다. 그러나 누구도 마법의 거울에 대해 알지 못했고, 어릴 적 활발하던 농부의 아들이 왜 저렇게 소심하게 변했는지 아무도 몰랐다.

어느 날 마을의 한 처녀가 그 청년을 몰래 염탐하기까지는 그런 일이 계속되었다. 그 처녀는 잘생긴 농부의 아들을 오래전부터 속으로 좋아해 온 터였다. 하지만 가까이 가려고 해도 청년이 좀처럼 틈을 주지 않는 것이었다. 처녀는 자신이 선망하는 청년이 점점 슬프고 소심하게 변해가는 걸 서늘한 가슴으로 지켜보아야 했다. 그러다가 호기심과 연민에 이끌려 대체 청년이 왜 그리 특이한 행동을 보이는 것인지를 알아내고자 했고, 창문을 통해 농부의 집을 염탐하면서 그 청년이 남몰래 거울을 꺼내 자신의 모습을 비춰보는 것을 지켜보았다.

"지금 뭐 하는 거예요?" 처녀는 놀라서 커다란 소리로 외쳤다. "등 뒤에 뭘 숨기고 있는 거죠?"

처음에는 쥐구멍에라도 들어가고 싶은 심정으로 한사코 거울을 숨기려던 청년은 결국 그녀에게 자신이 발견한 거울 이야기를 털어놓았다.

"나도 한번 거울을 좀 볼게요!" 처녀가 말했다. 그러고는 거울에 비친 자기 모습을 보고는 깔깔거리며 "이 거울 완전 엉터리네."라고 외쳤다.

"그렇지 않아요. 그 거울이 맞아요. 아주 지혜로운 조언자예요"

"웃기는 소리. 내가 진실을 말할게요. 이 거울은 사기예요, 사기."

처녀는 청년에게서 거울을 낚아채서는 단단한 돌바닥에 힘껏 내리쳐 거울을 산산조각내 버렸다.

차례

PART 1

성공이
문제가 될 때

왜 이런 동화로 이 책을 시작했을까? 우리가 사는 세상엔 마녀가 없다. 마법의 거울도 없다. 하지만 정말 그럴까? 확신하건대, 속이는 거울은 있다. 분명 존재한다. 다만 그 거울은 땅속에 묻혀 있지 않고, 우리의 어린 시절 경험 속에 묻혀 있다. 우리는 그것을 손에 드는 대신 머릿속에 담고 다닌다.

동화 속 청년처럼 우리는 자신과 자신이 해낸 일들을 아주 보잘것없고 시시한 것으로 여긴다. 반면 실수와 약점은 어마어마하게 크게 여긴다. 우리가 스스로에 대해 가지고 있는 이미지는 마법의 거울에 비친 청년의 얼굴처럼 왜곡되어 있다. 그러니 세월이 흐르면서 점점 자신을 신뢰하지 못하는 것도 당연한 노릇이다. 무엇을 하든, 자신을 부족하게 여긴다. 특별한 성취를 이루어 상을 받거나 승진을 해도 운이 좋았을 뿐, 자신에게 주어지는 인정은 가당치 않은 것이라 여기며, 언젠가 실력이 들통날 것을 두려워한다. 조만간 모든 사람이 자신이 얼마나 모자란 인간인지를 알게 될 거라면서 말이다.

다른 사람들이 보는 모습은 나의 실제가 아니라고 생각하는 심리를 심리학 전문용어로 '사기꾼 현상' 혹은 '가면 현상'이라고 한다. 그러나 세월이 흐르면서 보통은 '가면증후군Imposter Syndrome'이라는 이름으로 불리게 되었다. 40년 전부터 연구가 이루어졌고, 이런 현상은 우리 일상에 꽤 만연되어 있다. 실제로 이런 심리로 괴로워하는 사람이 많음에도 불구하고 '가면증후군'이라는 용어를 한 번도 들어보지 못한 사람들이 대다수다. 그들은 자신의 심리를 자기 의심이나 열등감과 혼동한다. 나는 이 책에서 가면증후군이 무엇인지를 설명하려고 한다. 자꾸 일그러진 상을 보여주는 당신 내면의 (요술) 거울은 어떤 요소로 이루어지는지, 어떻게 탄생하는지도 보여주고자 한다. 가면증후군을 가진 두 사람, 마를라와 올리버가 독자들과 동반하게 될 것이다. 이 두 사람과 더불어 독자들은 왜곡된 상들의 미궁에서 벗어나 자기 생각이 틀렸음을 깨달아갈 것이다. 그리하여 차츰차츰 잘못된 확신을 떨쳐버리고 새로운 나의 모습과 만날 수 있을 터이다.

이 책을 그냥 읽지만 말고, 워크북으로 활용하면 좋겠다. 이 책에는 많은 연습과 질문이 실려 있다. 질문과 연습은 자기 자신, 그리고 자신의 가면증후군과 대면할 수 있도록 도와줄 것이다. 시간을 내어 질문에 답해 보고, 연습을 실행해 보자. 읽는 것만으로는 많은 변화를 일궈낼 수 없기 때문이다. 이 책을 길잡이 삼아 질문하고 연습하다 보면 오랫동안 당신을 옥죄어 온 사고의 오류, 왜곡된 지각과 불안에서 해방될 수 있을 것이다.

자, 내면의 거울 속으로 여행을 떠날 준비가 되었는가? 일단 우리의 첫 주인공 올리버를 만나보자.

1장

대체 난 뭐가
잘못된 것일까?

창문이 열려 있지만, 사방은 고요하다. 간혹 멀리 지나가는 자동차 소리만 낮게 들릴 뿐. 이 시간에 거리를 나다니는 사람은 거의 없다. 올리버는 침대에 가만히 누워있다. 잠 못 이루는 밤이 벌써 나흘째! 머릿속에는 계속해서 같은 생각들이 맴돈다. "어서 자야 해. 내일 슈바르츠 씨랑 어려운 논의를 해야 하잖아. 푹 자야 집중력을 발휘할 수 있다고. 그런데 왜 이리 잠이 오지 않는 걸까?!" 그는 조심스레 다른 쪽으로 돌아눕는다. 내일 일정을 생각만 해도 배가 이미 싸해진다. "대체 내가 어쩌다가 이런 업무를 맡게 되었지? 내 깜냥에 그냥 팀원으로 남아서 시키는 일이나 했어야 마땅한데!" 올리버는 다시금 사장님의 제안을 괜히 받아들였다고 후회한다.

팀장으로 승진한 지 9개월째. 올리버의 상태는 악화일로에 있다. 지금까지는 일을 좋아하고 즐겁게 해왔는데, 이제는 아침마다 무거운 기분으로 출근한다. 밥맛도 없고, 밤에는 잠을 푹 자지 못한다. 처음에는 뭐 그럴 수도 있지 했다. 새로운 직책에 적응하는 데 시간이 좀 필요한 거겠거니 생각했다. 하지만 부담되고, 짓눌리는 느낌은 사라지지 않고 점점 심해지기만 했다. 그간의 성과에 대해 사장님에게서 긍정적인 피드백을 들었음에도 그랬다. 아니, 과제를 성공적으로 해낼 때마다, 긍정적인 피드백을 받을 때마다 새로운 직책에 대한 부담은 자꾸 커지기만 한다.

"이걸 어쩌지?" 올리버는 절망적으로 자문한다. "하루하루 지날수록 점점 더 엉망이 되어가고 있어. 뭔가 바꾸지 않으면 병에 걸려버릴 것만 같아. 이대로는 도저히 못 견디겠어. 사장님을 실망시킬 수도 없고! 내가 사표를 내면, 아내와 어머니는 나를 어떻게 생각할까? 많이 상심하겠지. 내 상태가 어떤지 아무도 알지 못해. 모두 내가 당당하고 신념이 강하다고 생각하는데. 난 내 상태를 솔직히 털어놓을 수가 없어."

올리버 역시 내면에 일그러진 거울을 가지고 있다. 어떤 성취를 이루든, 얼마나 자주 인정을 받든, 얼마나 빠르게 승진하든, 그는 자신이 이런 대우를 받을만한 사람이 아니라고 굳게 확신한다. 더 안 좋은 것은 잘했다는 소리를 들을수록 어느 순간 자신의 본모습이 들통나 버릴지 모른다는 두려움이 커진다는 사실이다. 그래서 성공할수록, 상태는 더 안 좋아진다. 가면증후군의 가장 본질적인

특징 중 하나는 성공을 하면 자신감이 더 커지는 대신 오히려 실패에 대한 두려움과 자기 의심이 더 커진다는 점이다.

정말이지 말도 안 되는 일이다. 우리는 보통 경험과 자기 행동의 결과로부터 배운다. 행동심리학에서는 이것을 '성공을 통한 학습'이라 부른다. 강연하는 것이 두렵지만 이런 도전에 맞서서 성공적으로 해내고 갈채를 받으면, 차츰차츰 강연에 대한 두려움이 줄어든다. 수치를 당하거나, 다른 사람들을 실망케 할지 모른다는 두려움이 불필요한 것이었음을 경험한다.

하지만 가면증후군을 가진 사람들은 다르다. 올리버도 그러하다. 그는 이미 새로운 직책을 맡은 후 여러 달 동안 팀장으로서 역할을 잘 감당했다. 사장님은 그에게 만족하며, 동료와 직원들 역시 올리버를 높이 평가한다. 그러므로 자신의 능력이 충분하다는 것을 진즉 터득했어야 마땅하다. 그런데 또 왜 불안은 줄어들지 않고 나날이 더해만 갈까?

올리버의 경우 (아마 당신 역시) 이런 증상이 단지 자존감 문제만이 아니기 때문이다. 물론 올리버가 자신의 가치와 능력을 너무도 하찮게 평가하는 건 맞다. 그렇지 않다면 계속해서 스스로를 의심하지 않을 테니 말이다. 하지만 그것만으로는 그의 불편이 설명되지 않는다. 자존감만 낮은 사람들은 어느 순간 경험으로부터 배워서, 인정받는 것을 기뻐한다. 긍정적인 피드백과 성공 경험이 자신감을 키워주는 양분이 되어, 쑥쑥 자신감이 자라난다.

알아둘 것: 가면증후군의 경우 성공 경험은 실패에 대한 두려움을 줄여주지 않는다. 심지어 성공이 불안을 더 악화시킨다.

가면증후군을 가진 사람들은 이처럼 '자존감을 높여주는 먹이'들에 굉장히 알레르기가 있는 듯하다. 이런 먹이들은 그들에겐 양분이 되지 못하고, 오히려 더욱 큰 자기 의심 속으로 자신을 몰아넣는다. 그들은 인정과 성공을 저장했다가 나중에 다시 불러오지 못한다. 그들의 뇌는 인정을 아주 다르게 처리한다. 쉽지 않은 일을 잘 감당하고 나면 "나는 잘하고 있고, 잘할 수 있어. 다른 사람들도 그걸 알게 되었어."라고 생각하지 않는다. 그들의 머릿속은 아주 다르게 돌아간다. "헐, 이걸 해내다니 운이 너무 좋았어. 잘 안 되었을 수도 있었는데 말이지. 이제 사람들은 내가 다음번에도 잘 해내리라고 기대하겠지? 이러다가 일이 잘 안 되면 어쩌지? 어쩌면 내일 당장 내 본모습이 까발려질지도 몰라!"

혹시 그들이 지금까지 이룬 성공이 자신의 능력을 확신할 수 있기엔 너무 작거나 소소한 것들이어서 가면증후군에 시달리는 건 아닐까? 천만에, 그렇지 않다. 가면증후군을 겪는 사람 중에는 수백만 명 청중 앞에 나서는 기조연설자도 있고, 최고 연봉을 받는 사람들도 있으며, 화려한 수상 경력을 자랑하는 배우들도 있다. 조디 포스터도 가면증후군을 겪은 것으로 알려져 있다. 1989년 조디 포스트가 첫 오스카상을 받았을 때 그는 자신이 이런 상을 받았다는 게 믿기지 않았다. 그래서 누군가 다시 자기에게서 트로피를 빼앗으며, 유감스럽게도 수상자를 잘못 호명했다고 사과하지 않을까, 마음의 준비를 단단히 했다. 자신이 아니라, 메릴 스트립이 그 상을 받아야 마땅하다는 생각이 들었기 때문이다.

 일그러진 거울을 조심하라: 당신이 어떤 성취로 인정받았다고 하자. 그렇다고 해도 사람들이 늘 당신에게 비슷한 성취를 기대하고, 그런 성취를 하지 못하면 실망한다는 뜻은 아니다.

당신은 어떤가? 당신은 조디 포스터가 상을 받을만한 훌륭한 배우라고 생각하는가? 당신 말고 다른 많은 사람도 그렇게 생각한다. 조디 포스터만 빼고 말이다. 조디 포스터는 동화 속 청년처럼 수백만 팬의 말보다 자기 내면의 왜곡된 상을 더 믿었다. 그러므로 아무리 큰 성공을 해도 성공 자체가 가면 현상을 개선해 주거나 없애주지 못한다. 가면증후군에 시달리는 사람들은 자신의 성공을 보통 사람들과는 다르게 처리하기 때문이다. 그들은 성공을 자신의 능력을 확인해주는 것이 아니라 그저 우연에 불과한 것으로 해석하며, 다음번에는 운이 따라주지 않을까 봐 불안해한다. 인정과 칭찬을 통해 차츰 자신의 능력을 믿게 되는 것이 아니라, 오히려 압박감을 느낀다. 아무도 실망시키고 싶지 않다 보니 기대 수준은 점점 더 높아만 간다.

성공에 대한 압박감이 높아가는 것만으로 그치지 않는다. 자신의 왜곡된 지각을 굳건히 신뢰하다 보니, 머지않아 주변 사람들이 자신의 하찮은 본모습을 알게 될 것이라고 여긴다. 그래서 칭찬과 인정을 받으면, 다른 사람들이 지금 속고 있는 것이라고, 나아가 자신이 그들을 속인 것이라고 확신하며 스스로 사기꾼이 된 듯한 기분이 된다. 이런 현상을 '사기꾼 현상'이라고도 부르는 이유다. 가면증후군을 겪는 사람들은 주변 사람들을 속이고 있다는 죄책감을 느끼고, 본모습이 들통나 그들에게 실망을 안기지 않을까 두려워한다. 가장 커다란 걱정은 바로 사람들이 어느 순간 자신의 끔찍한 모습을 보게 되지 않을까 하는 것이다. 우리가 그렇게도 부끄러워하는 모습을 말이다.

지금까지 사기를 쳤다는 것이 들통나지 않을까 하는 두려움은 실패에 대한 불안을 가중시키고, 성공을 자랑스러워할 수 없게끔 한다. 가면증후군적인 시각으로 보면 성공은 단지 능숙하게 다른 사람을 속여 왔다는 증거에 불과하기 때문이다.

 일그러진 거울을 조심하라: 당신이 성공했을 때, 그게 당신의 능력이라기보다 다시금 운이 따라주었기 때문이라고 생각하는가? 그렇지 않다. 물론 어느 정도 운이 작용했을지 모른다. 하지만 여러 번 어떤 상황을 잘 감당해 냈다면, 그건 당신이 능력 있다는 표지이다. 지금은 비록 스스로 그 점을 인정할 수 없더라도 말이다.

사기꾼이 된 듯한 기분

마를라는 콩닥거리는 가슴으로 '보내기' 버튼을 클릭한다. 방금 보낸 프레젠테이션에 대해 상사가 제발 아무 말도 하지 않기를. 다른 사람이라면 사흘이면 끝냈을 것이다. 하지만 마를라는 2주 내내 밤늦도록 컴퓨터 앞에 앉아있었다. 물론 늦게까지 일하는 건 이미 루틴이 되어가고 있지만 말이다. 마를라는 탈진한 기분이다. 그녀는 지친 표정으로 책상에 머리를 파묻는다. "난 정말 형편없는 인간이야. 실수를 범하지 않기 위해 모든 걸 여러 번 힘들게 읽어봐야 한다고. 내가 얼마나 무능한 인간인지 다른 사람들이 안다면, 나는 오래전에 해고되고 말았을 거야." 그녀는 나지막이 신음한다.

마를라는 2년 전 대학교를 졸업하고, 잡지사 편집부 어시스턴트로 지원해 합격했다. 그녀는 상사가 처음부터 자신을 믿어준 것에 여전히 감사하고 있다. 그래서 맡겨진 모든 일에 최선을 다했다. 매우 힘겨운 일이었다. 아뿔싸! 그 반작용으로 편집부의 모든 직원이 그녀를 굉장히 능력 있고 일 잘하는 사람이라고 생각하게 되었지 뭔가. 마를라가 얼마나 스트레스를 받고 힘겨워하는지 아무도 알지 못한다.

한 시간 후 상사가 마를라의 글에 굉장한 만족감을 표시하자 그녀는 깊은 안도의 한숨을 내쉰다. 하지만 안도감은 잠시뿐이다. "모두가 나를 파워우먼이라고 생각해. 내가 모든 일을 술술 수월하게 해내는 줄 안다고. 그래서 믿고 일을 맡기지. 하지만 모두 다 속고 있는 거야. 사람들은 내가 일 하나를 제대로 해내기 위해 얼마나 오래 책상 앞에 붙어있어야 하는지 알지 못해. 아직은 아무도 내가 잘 해낼 수 없다는 걸, 그냥 잘 해내는 척만 하고 있다는 걸 눈치채지 못했지. 이렇게 밤늦게까지 나를 혹사하는 식으로는 오래 버틸 수 없어. 하지만 이렇게 하지 않으면 일의 질이 형편없이 떨어질 것이고, 어느 순간 정말 말도 안 되는 결과물을 내서 모두가 충격을 받고 실망하게 될 거야!"

―――――――

마를라는 (일그러진 거울을 가진 모든 이와 마찬가지로) 자신에게 주어지는 인정에 대해 보통 사람들과는 다르게 반응한다. 칭찬받는 걸 기뻐하고 받아들이는 대신, 잠시 안도감을 느끼다가 오히려 더 불편해한다. 자신이 이런 칭찬을 받을만한 자격이 없다고 확신한다. 자기는 이런 성과를 내기까지 정말 오랫동안 애를 썼고, 말도 안 되는 수고를 쏟아붓지 않았는가.

　여기서 마를라는 가면증후군에 흔히 동반되는 착각을 하고 있다. 별다른 노력 없이 힘들이지 않고 성과를 내야만 능력 있거나 똑똑하다고 믿는 것이다. 그리하여 단박에 뭔가를 이해하지 못해 조사하고 공부해야 하는 자신을 무능하게 느낀다. 모든 성과에는 땀 흘림이 동반된다는 걸 알지 못한다. 이런 면에서 마를라는 재능에 대해 여전히 초보적인 이해를 하고 있다. 즉 재능은 있거나, 없는 그 무엇이라고. 뭔가를 할 수 있거나, 할 수 없거나 둘 중 하나이며 무슨 일을 하는 데 시간과 노동을 투자해야 한다면, 그건 바로 무능력의 증거라고 말이다.

이런 맥락에 따라 마를라는 사기꾼 현상의 하위 유형 중 '타고난 천재형The natural genius'에 속한다. 연구자들은 가면증후군에서 늘상 나타나는 특정한 사고패턴(사고 오류라고 할 수도 있겠다)이 있음을 확인하고, 이들 사고패턴을 근거로 가면증후군Imposter Syndrome을 몇 가지 하위 유형으로 분류했다. 이 분류에 따르면 마를라는 타고난 천재형인 동시에 완벽주의자이기도 하다. 두 가지 사고패턴이 동시에 작용해 스스로 사기꾼처럼 느끼는 것이다. 완벽주의자들은 완벽한 성과를 내야만 비로소 능력 있는 사람이라고 본다. 더 잘 할 수 있는데, 그냥 잘한 것으로는 충분하지 않다. 일에서 칭찬을 받아도, 스스로 손톱만큼의 실수나 약점을 찾아낼 수 있는 한, 타인의 칭찬을 받아들이지 못한다. 스스로에 대한 기준이 높다 보니, 완벽주의자들은 어떤 일을 끝마치기까지 다른 사람들보다 시간이 훨씬 더 오래 걸린다. 사람들 대다수가 이만하면 훌륭한 프레젠테이션이라고 만족하는데도, 완벽주의자들은 모든 문장, 모든 포맷이 들어맞도록 하나하나 세심하게 신경을 쓴다. 이렇게 더 노력을 들이다 보니 일이 굉장한 부담으로 다가올 뿐 아니라, 또 다른 부작용이 따른다. 즉 그렇게 많은 시간을 들이고도 뭔가 사기를 친 듯한 기분이 되는 것이다. 마를라처럼, 타고난 천재형에 속하는 경우는 더욱 그러하다.

알아둘 것: 가면증후군에는 다섯 가지 하위 유형이 있다. 타고난 천재형, 완벽주의자형, 슈퍼히어로형, 전문가형, 개인주의자형이 그것이다. 이들 유형은 능력에 대한 이해를 통해 서로 구별된다.

반면 올리버는 전문가형으로 분류할 수 있다. 그는 성과와 능력을 발휘해 승진했지만, 그럼에도 자신이 새 직책을 감당할 만한 인물이 아니라고 생각한다. 그리하여 여가를 이용해 계속 자기를 계발하고, 세미나를 듣고, 전문서적을 읽는다. 그 결과 자기 분야의 전문가가 되었지만 스스로는 결코 그렇다고 생각하지 않는다. 그의 생각에 따르면 모든 것을 알아야 혹은 최소한 지식과 능력 면에서 최고 수준이 되어야 전문가라고 할 수 있기 때문이다. 그는 자기 계발에 힘쓰는 동시에 어느 시점부터 '전문가'에 대한 자신의 잣대도 더 높인다. 늘 자신은 아직 턱없이 모자란 정도로 말이다. 그리고 다른 사람들이 자기를 전문가로 인정하면 부담을 느끼고, 사기꾼이 된 듯한 기분에 빠진다.

올리버는 개인주의자 기질도 있다. 성공은 혼자 일구어내는 것이라고 보기 때문이다. 그는 결코 타인에게 도움을 요청할 생각을 하지 않는다. 누군가의 도움을 받는 것은 그들이 믿는 것만큼 자신이 유능하지 않음을 여실히 보여주는 행위이며, 그렇게 되면 자신의 성과는 더는 가치가 없다고 생각한다. 혼자 하기에는 과도한 업무라서, 혼자 하면 최상의 성과를 내지 못할 것이 뻔해 보이는 상황에서도 올리버는 이런 견해를 고수한다. 그리하여 이제 도움을 청하든 그렇지 않든, 둘 다 자신의 무능함을 '입증'하는 상황이 될 거라며 불안해한다. 출구 없는 사고의 함정에 빠져버린 것이다.

가면증후군의 유형 중 마지막으로 슈퍼히어로형이 있다. 이들은 완벽주의자 중의 완벽주의자에 속하는 사람들로, 일뿐 아니라 삶의 모든 영역에서 스스로 최상의 성과를 기대한다. 집안은 완벽하게 꾸며져야 하고, 집안 살림도 척척 돌아가야 한다. 잘 자라 품행이 방정한 아이들과 멋진 친구들이 있어야 하며, 재정상황도 빈틈이 없어야 한다. 여러 개의 공을 동시에 저글링 하면서 그 모두를 하나같이 높은 수준으로 띄우고자 한다. 그 중 한 영역이라도 자신의 기준에 부합하지 않으면 스스로 실패자로 간주한다.

이 모든 유형에는 한 가지 공통점이 있다. 능력을 갖추기 위해 달성해야 하는 성과에 대해 과대 표상을 지니고 있다는 것이다. 능력에 대한 잘못된 잣대는 결코 도달할 수 없는 너무 높은 기대치에 기인한다. 더구나 이런 잣대가 내면 깊은 곳에 심겨있어, 그것이 맞는지 의심조차 않는다. 성과를 아주 많이 내고, 모두에게 경탄과 존경을 받는다 해도 이런 시각을 바꾸지 못하는 것이다.

자, 가면증후군의 다섯 가지 유형을 한눈에 조망하며, 그들이 능력을 어떻게 이해하고 있는지를 살펴보자.

타고난 천재형
정말 능력 있는 사람이라면, 적은 노력으로 모든 걸 쉽게 해내야지.

전형적인 말들:

▶ 어떤 성취에 대해 칭찬을 받으면 난 즉시 이렇게 생각해. "내가 이걸 해내기 위해 얼마나 많은 시간을 들였는지 안다면 그런 말 안 할 거야."라고.

▶ 정말 재능있는 사람은 모든 걸 아주 쉽게 해내지.

▶ 이 정도로 성공하기 위해 너무 많이 애를 썼다는 느낌이 종종 들어.

완벽주의자형
흠결 없는 성과를 내야 능력 있는 사람이지.

전형적인 말들:

▶ 내 일에 대한 사람들의 칭찬을 도저히 받아들일 수가 없어.

▶ 일을 흠잡을 데 없이 하기 위해 나는 많은 시간을 들여. 그런데도 결과물이 이 수준밖에 안 되니 화가 나지.

▶ 내가 실수를 하면 누군가 나를 무능하다고 여기지 않을까 두려워.

슈퍼히어로형
삶의 모든 영역이 두루두루 훌륭해야 능력 있는 사람이라 할 수 있지.

전형적인 말들:

▶ 난 종종 절망해. 아무리 애를 써도, 늘 어그러지는 일이 생기니까.

▶ 삶의 모든 영역에서 성공한 사람을 보면, 나 자신이 하찮게 느껴져.

▶ 누군가 나를 대단하다고 평가할 때, 속으로 생각해. "사적으로·직업적으로·금전적으로 내 형편이 어떤지 안다면 그런 이야기를 하지 않을 텐데."

전문가형
관련 분야의 모든 것을 꿰고 있어야 능력 있는 사람이지.

전형적인 말들:

▶ 세미나도 많이 참석하고 책도 많이 읽지만, 알아갈수록 내가 모르는 게 얼마나 많은지를 깨닫게 돼.

▶ 전문분야를 포괄적으로 꿰고 있는 사람들을 보면 경탄이 나와. 그에 비하면 난 여전히 갈 길이 멀어.

▶ 내가 어떤 질문에 제대로 대답하지 못하면 상대가 나를 안 좋게 생각할까 봐 두려워.

개인주의자형
다른 이의 도움 없이 전적으로 일을 혼자 해내야 진정한 능력자지.

전형적인 말들:

▶ 난 다른 사람에게 도움을 청하거나 도움받는 게 싫어. 마치 내가 사기를 치는 기분이거든.

▶ 혼자 힘으로 성공을 이뤄야 진짜 대단한 사람인 거지. 누군가의 도움을 필요로 한다면, 그건 스스로 무능함을 인정하는 셈이잖아.

▶ 다른 사람들도 참여해서 이룬 성과에 대한 칭찬은 받아들이기가 힘들어. 그건 내가 이룬 성취가 아니잖아.

일그러진 거울을 조심하라: 능력이란 노력하지 않고도 쉽게 성공하는 게 아니다. 다른 사람의 도움 없이 성취해야 하는 것도 아니다. 모든 걸 다 알거나, 일을 흠결 없이 해내야만 능력 있는 건 아니다. 스스로 능력 있는 사람으로 느끼기 위해 모든 영역에서 탁월한 성과를 내야 한다고 생각하는 것은 어불성설이다.

창조적인 무법 운전자

사람은 보통 피드백으로부터 배운다. 긍정적인 확인을 많이 받을수록, 자신의 능력에 대한 의심이 점점 줄어든다. 잘한다는 이야기를 많이 들으면 어느 순간 그 이야기가 뇌리에 박히지 않을까? 그렇지 않다고? 만일 당신이 보통 사람들과 다르다면, 다른 모든 이가 틀린 게 아니라 당신만 역주행하고 있음을 얼른 깨달아야 한다. 즉 생각의 방향이 잘못되었다는 걸 말이다. 하지만 유감스럽게도 가면증후군이 있는 사람들은 이를 깨닫는 게 쉽지 않다.

그들은 이런 학습이 잘되지 않는다. 얼마나 많은 인정을 받고 얼마나 많은 칭찬을 듣든, 자신의 능력과는 무관하다고 여긴다.

마를라는 자신에게 향하는 긍정적인 피드백이 자기의 능력이 아니라, 노력과 수고 덕에 주어지는 거라 여긴다. 수치당하지 않기 위해 많은 시간을 들여 준비하지만, 남들에겐 얼마나 열심히 일하느지를 비밀로 한다. 그들이 알면 본인을 무능하다고 여길까 두렵기 때문이다. 좋은 성과를 내어 칭찬을 받으면 부끄러워한다. 자기는 본래 인정받을 만한 사람이 아니라고 확신하기 때문이다. 따라서 주변의 긍정적 피드백이 자신감을 높여주기는커녕 조만간 자기의 무능함이 들통나지 않을까 하는 걱정만 커진다.

올리버는 자신의 성공을 다르게 설명한다. 그는 성실하고, 공감 능력이 높으며, 모든 사람과 잘 지내고자 애쓰므로 동료들 사이에서 평이 좋다. 그러다 보니 올리버는 자신이 승진한 것은 인기 때문일 뿐 능력 덕이 아니라고 확신한다. 그러고는 상사나 동료들을 실망케 하고 싶지 않아 점점 더 부담과 압박감을 느낀다. 인정을 많이 받을수록, 언젠가 자신에게 주어지는 기대에 제대로 부응하지 못할 거라는 불안이 커진다.

 알아둘 것: 가면증후군에 시달리는 사람들은 스스로 무능하다고 확신하므로 자신의 성과를 늘 다르게 설명하고, 인정을 받으면 곧장 사기꾼이 된 것 같은 기분이 된다.

미신도 자신과 자신의 성취를 깎아내리는 데 한몫한다. 가면증후군이 있는 사람들은 자기가 우연히 혹은 그럴 운명이었기에 성공할 수 있었다고 확신한다. 시험에 합격한 것은 단지 길일에 시험을 치를 수 있었기 때문이며, 취업이 된 것은 직전에 특정한 리추얼을 행했기 때문이다. 잘된 일은 자신의 능력 덕이 아니라, 무수한 다른 요인들 때문이다. 그들은 굉장한 창조성을 발휘해 자신이 무능함에도 어떻게 성공할 수 있었는가를 설명해 낸다.

일단 가면증후군 특유의 사고에 얽혀 들어가면, 자신이 성공할 만한 인간이 아님을 증명하는 이유를 수천 개는 찾아낼 수 있다. 사람들에게 인정을 받으면 받을수록, 이런 증상은 더해간다. 부당한 수단으로 인정받고, 모두를 속였다는 느낌이 들기 때문이다.

스스로 한번 점검해 보자. 당신은 칭찬에 어떻게 반응하는가? 상사로부터 다음과 같은 피드백을 받았다고 해보자. "자네에겐 늘 믿고 맡길 수 있어! 자넨 최고의 팀원이야."

자, 어떤 생각이 머릿속을 스치는가?

가면증후군이 없는 사람은 이런 칭찬을 즐긴다. "와! 이제야 팀장이 나를 알아주는구나." 반면 가면증후군이 있는 사람들은 아주 다르게 본다. "어머나, 팀장님이 나를 믿어주는구나. 하지만 나보다 훨씬 유능한 동료가 많은데. 내가 팀장님의 생각처럼 능력 있는 사람이 아니라는 게 부디 들통나지 말기를…. 팀장님을 실망시키지 않으려면 앞으로 실수를 해서는 절대 안 돼. 아, 어쩌지!"

차이를 알겠는가? 첫 번째 직원은 상사의 평가가 옳다고 본다. 인정받는 것은 자신이 능력 있다는 사실을 확인시켜 주는 도구다. 반면 두 번째 직원은 상사의 판단을 의심한다. 인정받는 것은 자신의 무능력을 확인해준다.

일그러진 거울을 조심하라: 긍정적인 확인은 당신이 다시금 누군가를 속이고, 능력 있는 척했음을 의미하지 않는다. 사람들은 보통 누가 잘난 척하는 사람이고, 누가 정말로 실력 있는지를 직감적으로 안다. 주변 사람들을 일단 믿어 보자!

수없이 인정을 받는데도 왜 여전히 다른 모든 사람이 틀렸다고 생각하는 것일까? 어찌하여 자신이 틀릴 수도 있다는 생각을 하지 않을까? 내면에 있는 일그러진 거울 때문이다. 그 결과 늘 자신이 불리한 쪽으로 비교를 한다. 당신에게 어떤 능력이 있든, 내면의 거울은 주변에서 그만큼 잘하는, 혹은 당신보다 훨씬 더 잘하는 사람들을 비추어준다. 못하는 사람들은 절대로 보여주지 않는다. 일그러진 거울은 다른 사람들이 이룬 성과를 더 확대해서 보여주고, 자신의 성과는 축소한다.

 일그러진 거울을 조심하라: 누군가가 당신보다 뭔가를 더 잘한다고 해서, 그게 당신이 절대적으로 무능하다는 의미는 아니다. 상대가 정말로 모든 면에서 더 나은지, 어느 특정 부분에서만 더 나은지 주의해서 살펴보라.

그밖에도 가면증후군에 빠지면 전체 패키지(즉, 개인의 모든 특성)를 비교하지 않고 개별적인 면에 집중해 비교를 해댄다. 매우 날씬한 여직원의 몸매와 자신의 몸을 비교하면서, 그녀가 나만큼 경험이 많지 않다는 사실은 안중에 두지 않는다. 그리고 이미 20년간이나 이 분야에서 경험을 쌓아온, 배가 불룩 나온 상사의 지식과 자기 지식을 비교한다. 결코 "저 여성은 외모가 멋져. 하지만 경험 면에서는 내가 더 앞서지" 혹은 "그는 나보다 훨씬 더 많은 경험을 했지만 체력에서는 내가 낫지."라고 생각하지 않는다. 사기꾼 거울은 늘 우리가 작고 보잘것없어 보이도록 왜곡하고 좋은 면들은 교묘하게 숨겨 버린다. 그로 인한 결론은 뻔하다. "외모도 안 돼, 지식도 부족해, 그 외 다른 부분에서도 변변히 내세울 게 없어. 대체 나는 제대로 할 줄 아는 게 뭐 있냐."

사기꾼 현상을 내면화한 사람들이 종종 비현실적인 이상을 가지고 있다는 점도 상황을 어렵게 만든다. 그리하여 다음과 같은 생각에 도달한다. "내가 실수를 한다면, 이 일이 내게 맞지 않는다는 사실을 보여주는 거야." "지금보다 더 잘하는 것이 가능하다면, 내가 한 일은 충분히 잘한 것이 아니지." "모든 것을 수월하게 척척 해내야 똑똑하다는 소리를 들을 만하지."

이런 식의 과도한 기대를 충족시키는 건 누구에게나 어렵다. 그러다 보니 계속해서 자신과 자신의 무능력에 절망하고, 사람들을 실망케 하지 않으려면 모두를 속여야 한다는 기분이 든다. 놀랍지도 않다. 가면증후군에 시달리는 사람은 잘 속인다. 그 대상이 자기 자신뿐이라는 게 함정이다.

일그러진 거울을 조심하라: 당신을 제외한 그 누구도 당신이 모든 걸 알고, 모든 걸 할 수 있어야 한다고 생각하지 않는다. 자신에게 그처럼 과도한 기대를 품고 있는 한, 늘 스스로 불만족스러울 것이다.

널리 퍼진 현상

지금까지 당신은 혼자서만 이런 문제로 고민한다고, 이렇게 생겨먹었으니 뭘 할 수 있겠느냐고 낙담했을지 모른다. 폴린 클랜스 Pauline Clance도 그렇게 생각했다. 대학에서 심리학을 공부하는 동안 그녀는 줄곧 이곳이 자기 자리가 아닌 듯한 느낌을 받았다. 동료들은 자기보다 훨씬 더 똑똑해 보였고, 자신이 운 좋게 이런 공부를 하게 되었다는 생각이 들었다. 다른 사람이 공부해야 할 자리를 빼앗은 건 아닌지 자괴감이 들고, 자기 의심과 불안이 그녀를 괴롭혔다. 그러나 자신의 평가와는 달리 좋은 성적으로 학업을 마친 후 오하이오 주 오벌린 대학교에서 강사이자 심리치료사로 일하게 되었다.

이 일을 시작하면서 그녀는 자신과 비슷한 사람들을 만났다. 상담시간에 찾아온 여러 명의 여학생이 클랜스에게 자신은 다른 학생들보다 실력이 없으며, 공부를 잘 마칠 수 있을지 걱정이 된다고 털어놓았다. 놀랍게도 이들은 결코 열등한 학생들이 아니었다.

능력 있고 성적도 좋은, 아주 똑똑한 여성들이었다. 주변에서 긍정적인 피드백을 받고 실제로 능력이 탁월함에도, 이들은 왜 뻔한 사실을 깨닫지 못한 채 자기 의심에 시달리는 것일까? 이 같은 태도는 행동심리학의 모든 기본 원칙에 위배되는 것이었다. 폴린 클랜스는 이런 현상을 연구하기 시작했고 동료인 수잔 임스Suzanne Imes와 함께 처음으로 '사기꾼 현상(임포스터 현상Impostor Phenomenon)'이라는 개념을 창안했다. 1980년대 초반의 일이다. 그이래 이 현상에 대해 많은 것이 알려졌다.

놀랍게도 이런 현상을 겪는 사람들은 생각보다 훨씬 많은 것으로 드러났다. 사람들의 과반 이상이 최소한 조금쯤 자신이 본래 성공할 만한 능력이 없음에도 운이 좋았으며, 언젠가는 자신의 무능이 발각될까 봐 두려움을 느낀 적 있다고 고백했다. 하지만 창피해서 이런 생각을 숨겨왔다고 말이다. 게다가 예상과 달리 여성들만 이런 현상을 겪는 것이 아니었다. 연구 결과 남자들도 비슷한 정도로 이런 증후군에 시달리고 있음이 드러났다. 단지 드러내놓고 이야기하지 않을 따름이었다.

이미 한번 언급했지만 가면증후군은 단순히 자존감 문제에서 비롯되는 것이 아니다. 자기비판을 과도하게 하는 것만도 아니다. 가면증후군은 그보다 훨씬 복잡한 현상이다. 자존감이 낮고 계속 자기비판을 하며, 실패를 두려워하고 성공에 대한 압박감을 느끼는 건 맞다. 그러나 내면의 일그러진 거울은 여러 가지 다른 층으로 이루어지고, 이런 층들이 합쳐져서 자기 평가가 완전히 전도된다. 이렇듯 잘못된 자아상은 삶의 질을 떨어뜨리고, 자기 이해에 부정적인 영향을 미치며, 때로 정신건강까지 악화시킨다. 가면증후군은 그 자체로 정신 질환은 아니지만(이것은 질환이 아니라 현상이다!), 심할 경우 우울증이나 불안장애와 같은 심리 장애로 이어질 수 있다. 그리고 질병은 아니라 해도, 상당한 고통을 유발한다. 가면증후군을 지닌 사람들은 계속해서 내적 긴장 속에서 살아간다. 자신이 이룬 성공과 성취를 제대로 누리지 못하며, 자신의 본모습이 발각될까 봐 전전긍긍한다. 성공할수록 자존감이 낮아지며, 승진하면 스트레스를 더 많이 받는다. 그러다 보니 자신의 가능성에 못 미치는 삶을 살기 십상이다.

어떤가? 당연히 좋은 일은 아니다.

그러므로 이 책의 도움을 받아 변화를 모색하는 것이 좋다! 앞으로 가면증후군이 어떤 다양한 측면으로 이루어지는지, 우리가 이중 어떤 면들에 영향을 미칠 수 있는지를 살펴보도록 하겠다.

여기에 그치지 않고 각 장의 마지막에는 스스로 돌아보며 지금까지 배운 것을 삶에 적용하는 시간을 갖게 될 것이다.

자, 이제 당신 차례다. 1장의 마지막이 되었으니 다음 페이지에 나오는 질문들에 답해 보면서 스스로 어느 정도로 가면증후군을 겪고 있는지 가늠해 보자.

자기 성찰 :

사기꾼 현상은 내게서 어떤 형태로 나타나는가?

▶ 최근 몇 년 동안 직업적으로 어떤 발전이 있었는가?

  이런 발전과정을 겪으며 심리적으로 어땠는가?

▶ 맨 처음 커리어를 시작해 아무도 내게 기대하지 않던 시절이 그리운가?

  그렇다면, 지금 더 나빠진 점이 무엇인가?

▶ 자기 의심은 어떤 변화를 겪었는가? 지금 하는 일에 몸담은 시간이 길어

  지면서, 자기 의심은 줄어들었나, 아니면 오히려 강화되었나?

▶ 다른 사람들이 내가 생각하는 나보다 나를 더 높이 평가한다는 걸 어떻게

  설명할 수 있을까?

▶ 나는 능력을 어떻게 정의하는가? 능력이란 무엇일까?

  나는 왜 내가 능력이 없다고 생각하는 걸까?

▶ 실수해서 다른 사람들을 실망케 할까 불안한가?

  어떤 상황에서 그런 일이 있을까 봐 걱정되는가?

▶ 이런 상황이 시작되기 전과 진행되는 동안 신체적으로 어떤 반응이 나타

  나는가?

▶ 이중 어떤 반응이 가장 두려운가?

▶ 나는 긍정적인 피드백에 어떻게 반응하는가?

▶ 다른 사람들의 기대에 어떻게 대처하는가?

2장

여러 겹의 일그러진 거울

"가면증후군이라….." 마를라는 눈이 휘둥그레져서 사내 심리학자를 바라다본다. 마를라는 날로 심해지는 걱정과 스트레스를 이야기할까 말까, 한참 고심했다. 하지만 심리학자는 자신이 비밀엄수 의무를 잘 지킬 것이라 안심시켰고, 그제야 마를라는 속마음을 털어놓을 수 있었다.

"그러니까 제가 병에 걸렸다는 말씀인가요?" 마를라가 말을 잇는다. "아, 아니에요. 제가 약간 불확실하게 표현했군요." 마를라의 맞은편에 앉은 심리학자가 사려 깊은 태도로 가볍게 두 손을 들어 보인다. "병은 아니에요. 이것은 당신이 능력이 있는데도, 왜 그리 자신을 의심하는지, 그 이유에 대한 설명이에요. 제가 보기에 당신의 걱정은 근거가 없어요. 그리고 이런 문제로 힘들어하는 사람이 결코 당신 혼자만은 아닙니다." "하지만 그 능력

말이에요. 제가 정말 능력이 있는 걸까요? 그리고 만약 그렇다면, 왜 다른 사람들은 그걸 인정하는데, 저는 인정할 수 없는 걸까요? 선생님은 무슨 근거로 다른 사람들이 나와 내 능력에 대해 나보다 더 잘 안다고 확신하시죠? 나 자신만큼 나를 잘 아는 사람은 없잖아요." 마를라는 핸드백을 만지작거릴 뿐, 심리학자를 똑바로 쳐다보지 못한다. 심리학자의 말이 맞는다면 얼마나 좋을까. 자신이 무능력한 사람이 아니라는 것을 누군가가 반박할 수 없도록 증명해주었으면 좋겠다고 마를라는 생각한다. 정말이지 그런 설득력 있는 논지를 듣고 싶다. 하지만 동시에 마주앉아 있는 이 심리학자도 자신을 돕기엔 역부족이 아닐까 하는 생각에 불안하기만 하다. "모두 좋은 질문입니다." 심리학자가 잠시 생각에 잠겼다가 운을 뗀다. "가면증후군이 무엇인지 이제부터 설명할게요. 하지만 좀 시간이 걸려요. 이건 기본적으로 아주 복잡한 문제거든요."

실제로 가면증후군은 복잡한 문제다. 정확히 말하자면 다층적인 문제다. 내면의 '사기꾼 거울' 역시 진짜 거울처럼 여러 층으로 이루어져 있기 때문이다. 각각의 층은 다음 층과 연결되어, 자아상을 왜곡시키는 동시에 왜곡된 자아상을 굉장히 설득력 있는 것으로 만든다. 이 모든 층이 합쳐져서 비로소 가면증후군의 전모가 구성된다.

동화에서와는 달리 우리는 거울을 그냥 쉽게 깨뜨려 버릴 수 없고, 한 층 한 층 제거해 나가야 한다. 이것은 지루하지만, 보람찬 과정이 될 것이다. 한 층 한 층 허물어내는 동안 우리의 상태는 나아지고, 우리의 자아상은 확연히 변할 것이기 때문이다.

첫 번째 층: 우리의 지각

보통 거울은 유리판으로 구성된다. 유리판은 그 아래에 있는 거울 층을 보호하는 동시에 빛을 투과시킨다. 광선은 유리를 통과해 원래 거울에 이르고, 거기서 반사된다. 우리 내면의 거울도 실제 거울의 유리처럼 매질medium을 갖는다. 바로 지각이 그런 역할을 한다. 우리는 주변 자극을 눈과 귀, 기타 감각을 통해 받아들이고, 그것을 뇌로 전달한다. 하지만 일반적인 거울과 달리 모든 자극이 전달되는 것이 아니다. 우리는 무의식적으로 사전선택을 한다.

숨은그림찾기를 알 것이다. 특히나 커다란 지면에 아주 미세한 장면들, 무수한 디테일로 이루어진 숨은그림찾기는 무척 흥미롭다. 어릴 때 나는 숨은그림찾기 책을 보면서 놀곤 했다. 몇 시간 동안이나 들여다보면서 계속해서 새로운 것을 발견해 나갔다. 숨은그림찾기 책이 있다면(인터넷에서도 하나 다운받을 수 있을 것이다) 작은 실험을 해보라. 그림을 손에 들고 3초간 본 다음, 눈을 감는다. 그러고는 눈을 감은 채로 방금 그림 속에서 무엇을 보았는지 상기해보자. 다 끝나면 그 그림을 다른 사람에게 넘겨주고, 당신과 똑같이 해보도록 권한다. 그는 당신과 다른 것들을 언급할 것이다. 세 번째, 네 번째 사람에게도 권해보면 그들 역시 전혀 다른 디테일을 말할 것이다. 우리의 눈은 짧은 순간 다수의 자극을 포착하지만, 뇌가 그중에서 극히 일부만을 처리하기 때문이다. 뇌는 무엇보다 우리에게 중요한 정보를 선별한다.

숨은그림찾기의 예를 통해 사람들 각자가 서로 다른 정보를 저장한다는 것을 알 수 있다. 즉 모든 뇌는 서로 다른 것들을 중요하게 평가한다. 그렇다면 우리는 어떤 기준으로 무엇이 중요하고, 무엇이 중요하지 않은지를 무의식적으로 결정하는 것일까?

 알아둘 것: 우리의 지각은 일반적으로 각자가 지닌 최대의 두려움에 포커스를 맞춘다. 그러다 보니 가면증후군에서 우리의 지각은 스스로에 대해 가진 나쁜 생각을 더 강화한다.

우리의 뇌는 각자에게 의미 있는 신호를 처리한다. 위험한 상황이거나, 강한 필요가 충족되기를 원할 때는 특히 그렇다. 막 다이어트를 시작한 사람에겐 갑자기 곳곳에서 초콜릿이 눈에 띈다. 단것이 먹고 싶은데도 꾹 참고 있기 때문이다. 거미공포증이 있는 사람은 그렇지 않은 사람보다 거미를 훨씬 더 빠르게 알아본다.

내면의 사기꾼 거울에서도 이 원칙은 똑같이 작동한다. 우리는 각자에게 위험이 될 수 있는 자극들을 예민하게 먼저 감지하며, 이 과정을 통해 이미 가지고 있던 자아상은 더 강화된다. 가면증후군에 시달리며 누군가를 당황하거나 실망케 하지 않을까 두려워하는 사람은 상대가 잠시 이맛살을 찌푸리거나 약간 거리 두는 자세만 취해도 곧장 알아챈다. 강연할 때 얼굴이 붉어지거나 말을 더듬을까 봐 두려운 사람은 몸에 대한 지각이 더 예민해져서, 아주 작은 온도 변화도 감지할 수 있다. 세상에 뒤처질까 봐 두려운 사람이라면 다른 모든 이의 강점은 잘도 찾아내면서, 스스로에게서는 실수와 약점만 눈에 찾아낼 것이다.

 일그러진 거울을 조심하라: 자신의 실수와 약점이 많이 의식되는가? 그런 증상은 당신이 능력 없음을 말해준다기보다 당신이 실수할까 봐, 약점을 보일까 봐 두려워하고 있음을 드러낸다.

다른 사람에게서는 각자 잘하는 것만 눈에 들어오는가? 그것은 그들이 정말로 잘한다는 의미라기보다, 그들이 당신보다 훨씬 탁월하게 잘할까 봐 스스로 두려워한다는 의미다.

신참내기 의사였을 때, 나는 스스로 환자들 앞에서 굉장히 자신 없고 미숙하게 행동한다고 생각했다. 한번은 나처럼 신참내기 의사인 동료와 함께 환자들을 상담하며 치료과정을 설명해주었다. 이후 일종의 뒤풀이로 친구와 차를 마시며 그 과정을 돌아보는 시간을 가졌다. 그때 내가 친구에게 "나는 늘 말을 버벅거리는데, 나와 달리 똑부러지게 중요한 정보를 전달해 주는 당신과 함께할 수 있어서 좋았다"고 말했다. 그러자 친구가 화들짝 놀란 표정으로 나를 바라다보았다. "뭐라고? 나도 똑같은 생각을 했는데. 당신이 똑부러지게 말을 잘한다고 말이야!" 이때 처음으로 나 자신의 지각이 늘 신뢰할 만한 것은 아니라는 사실을 뼈저리게 느꼈다.

위험할지도 모르는 상황에 늘 주의를 기울이기 때문에 우리는 자동적으로 각자 지닌 내면의 상을 강화한다. 스스로 충분히 잘하지 못할까 봐 불안하기에, 자신의 무능을 보여주는 수많은 증거를 무의식적으로 모은다. 반면 중립적이거나 긍정적인 암시들은 그냥

체크해보자 :

당신의 지각은 어떠한가?

▶ 매일 저녁, 그날 있었던 일들을 몇 가지 적어보자. 어떤 일들이 기억에 남는가? 긍정적인 경험이 더 우세한가, 부정적인 경험이 더 우세한가? 오늘 어떤 인정을 받았는가? 어떤 실수를 했는가?

▶ 그밖에 즉흥적으로 기억나는 삶의 중요한 사건들을 떠올려보자. 그것이 좋은 일들이었는가, 나쁜 일들이었는가? 당신은 거기서 어떤 역할을 했나? 빛나는 주인공 역할을 했나, 아니면 비극적인 인물이었나?

▶ 나는 나의 성취와 능력에 대해 어떤 확신을 지니고 있는가? 자신의 강점을 더 잘 지각하는가, 약점을 더 잘 지각하는가? 다른 사람들에게서 좋은 성과를 더 잘 알아차리는가, 실수를 더 잘 알아차리는가?

걸러버리기 일쑤다. 주변에 호랑이가 어슬렁거린다는 걸 알 때 아름다운 꽃들이 눈에 들어오지 않는 것처럼 말이다.

두 번째 층: 우리의 평가

일반적인 거울의 경우 유리 층 다음에 원래의 거울 층이 나온다. 거울은 얇게 바른 은으로 이루어지며, 유리를 투과해 들어온 빛이 여기서 반사된다.

우리의 사기꾼 거울에서는 어떨까? 거울 비유를 계속하자면 은 층은 우리의 인지적 처리에 해당한다. 그리하여 우리는 인상을 반사한다고, 즉 비춘다고 말할 수 있다. 하지만 뇌는 편견 없이, 오류 없이 반사하지 않는다. 자기 나름의 선호를 가지고 이 일을 하기 때문이다. 모든 사람의 뇌가 주관적인 선호를 반사하지만, 가면증후군에서는 특히 편견이 반영된다. 이는 자신의 성취와 관련해 우리가 왜 그리 학습이 잘 안 되고 자기 의견만 고수하는지를 설명해준다.

가면증후군을 겪는 우리가 매일매일 주어지는 수많은 반대 증거보다는 내면의 일그러진 거울을 더 강하게 믿는다는 이야기는 이미 했다. 인상적인 성공과 수많은 칭찬도 부정적인 자아상을 의심하거나 생각을 바꾸게 하지 못한다. 가면증후군적인 사고방식

때문이다. 가면증후군을 가진 사람들은 높은 이상에서 출발해 불공평한 비교를 하고, 자신들이 어떤 일을 잘 해냈을 때조차 그것을 인정하지 않는다.

100퍼센트 좋지 않으면 자동적으로 나쁜 것이 된다.

단지 우리에게서만 그렇다!

당신이 보고서를 작성했다고 치자. 40페이지가 넘는 보고서에서 당신은 사실을 분석하고, 평가하고, 결론을 내리고, 문장을 다듬었다. 그런데 보고서를 넘기고 난 후 오타가 두 개 있었음을 알아차린다. 당신은 이 보고서의 가치를 어떻게 평가하는가?

혹은 당신이 강연에 나선다고 가정해보자. 20분 넘게 당신은 아주 매끄럽고 유창하게 강연을 하며, 청중은 귀 기울여 듣고 있다. 그리고 마지막에 청중의 질문을 받는다. 그들은 이것저것 질문을 하고 당신은 그중 딱 한 가지 질문에 대해 명확하게 대답하지 못한다. 자, 이제 당신은 이 강연을 어떻게 평가할까?

둘 다, 당신은 보고서나 강연이 만족스럽지 않다고 판단할지 모른다. 40페이지 넘게 작성한 훌륭한 보고서보다 오타 두 개가 더 무게감 있게 다가온다. 질문 하나에 제대로 답하지 못한 것 때문에 탁월한 강의가 형편없는 것처럼 느껴진다.

이런 극단적 사고는 완벽주의자들에게서 흔히 나타난다. 우리의 뇌는 세상을 선명히 인식할 수 있는 카테고리로 나누는 경향이 있다. 가령 '좋은 것' 아니면 '나쁜 것'. 그러다 보니 자꾸 모 아니면 도All or nothing 함정에 빠진다. 내가 한 일은 실수 없이 완벽해야만 잘한 것이다. 그 일이 얼마나 어려운지와는 상관없다. 천 개의 질문을 받았을지라도 그 모든 질문에 대답할 수 있을 때만, 정말 능력 있고 똑똑하다고 여긴다. 그렇게 스스로 너무 높은 요구를 하다 보니 좌절할 수밖에 없다. 이런 생각들이 너무 강해서 제대로 거리를 두지 못하면 완벽주의가 탄생한다.

 알아둘 것: 가면증후군에서 흑백 사고(혹은 이분법적 사고)는 아주 흔하게 나타난다. 자신이 한 일에서 단 하나만 모자란 게 보여도 모든 것이 형편없게 여겨진다.

그런데 흥미롭게도 다른 사람들의 성과는 아주 다르게 평가한다. 내가 작성한 게 아니라면, 보고서에 오타가 몇 개 나온들 절대로 형편없는 보고서라고 생각하지 않는다. 그런 오타는 아마 우리 눈에 띄지도 않을 것이다. 훌륭한 강연자가 한 가지 질문에 대답하지 못했다고 그를 나쁘게 생각하는 일도 없다.

객관적으로 우리는 아무도 완벽하지 않다는 걸 잘 안다. 흑백뿐 아니라 회색도 인식할 수 있다. 누군가의 성취에 몇 가지 흠결이 있다고 해도 전체적으로 높이 평가한다. 하지만 유독 자신에게서만큼은 흑백밖에 보지 못한다. 늘 다른 사람과 비교해서 못난 쪽에 서게 된다. 그렇다고 다른 사람들에게 자신의 실수를 고백하지도 못하면서 말이다.

실패는 내 탓,
성공은 다른 사람 덕

또 하나의 이유는 소위 '귀인양식Attribution style' 때문이다. 귀인양식이란 특정 사건이 일어난 이유를 어떻게 설명하는가 하는 것이다. 무슨 일이 일어나면, 이 사건을 자신과 관련지어 설명할 수도 있고, 그렇지 않을 수도 있다. 즉 나로 말미암아 그 사건이 일어났다고 느낄 수도 있고, 외부 상황 때문에 일어난 것으로 설명할 수도 있다. 그 결정은 우리 몫이다.

그리하여 비슷한 상황에 대해 완전히 다른 두 가지 해석이 나온다. 이를 보여주기 위해 잘 알려진 위트 하나를 떠올려보자. 개와 고양이가 만나 자신들의 주인에 관해 이야기한다. 개가 말한다. "우리 주인은 내게 먹이를 주고, 나를 쓰다듬어줘. 따뜻한 바구니도 마련해주고 잘 돌봐주지. 우리 주인은 신인가 봐!" 비슷한 경험을 지닌 고양이가 이렇게 말한다. "우리 주인은 내게 먹이를 주고, 나를 쓰다듬어줘. 따뜻한 바구니도 마련해주고, 잘 돌봐주지. 아무래도 내가 신인가 봐!"

두 애완동물의 대화는 귀인양식을 분명히 드러낸다. 개는 일어나는 일의 원인을 외부에 귀속시킨다(외부적 귀인). 자신이 겪는 일을 외부적인 원인으로 설명하는 것이다. 자신이 편안히 잘 지내고 좋은 대접을 받는 것은 주인 덕분이지 자기 덕이 아니다. 반면 고양이는 일의 원인을 내부에 귀속시킨다(내부적 귀인). 그리하여 주인의 똑같은 행동을 자기 자신 공으로 설명한다. 그렇게 우리는 한 가지 일에 대해 완전히 다른 설명을 마주한다.

가면증후군이 있는 사람들은 어떨까? 그들은 원인을 내부에 귀속시킬까, 외부에 귀속시킬까? 내부에도 귀속시키고, 외부에도 귀속시킨다. 성공과 성취는 외부적 요인으로 설명한다. 우연 혹은 다른 사람들이 선사한 호감이 자신을 성공으로 이끌었다고 말이다. 무엇보다 그룹으로 일하는 경우 무조건 다른 사람들을 능력자 혹은 성공을 보장하는 사람들로 본다. 뭔가 일이 어그러졌을 때는 다르다. 그럴 때 가면증후군을 가진 사람들은 곧장 모든 책임을 자신에게 돌리고, 스스로에게서 실수를 찾는다. 따라서 성공한 경우는 개가 되고, 실패한 경우는 고양이가 된다.

 알아둘 것: 실패는 모두 자신의 잘못으로, 성공은 모두 외부 상황에서 비롯된 것으로 설명하면, 우리는 어쩔 수 없이 자신이 능력 없다는 결론에 이르고 만다.

어느 날 한 지인이 가면증후군에 기댄 사고로 자신을 평가하는 걸 들었다. 그가 말하기를, 예전에 자기는 아주 똑똑한 사람들만 대학입학 자격시험('아비투어'라 불리는 독일의 대입 자격시험. 구술시험과 필기시험, 수업 점수를 합산해 900점 만점인 총점을 낸 후 1.0~4.0까지 구간별 등급을 매긴다. 최고 등급인 1.0은 총점 900~823점, 다음 등급인 1.1은 822~805점을 맞아야 한다. 반면 총점 300점 미만은 최하 등급인 4.0에 속한다—편집자)에서 좋은 점수를 맞을 수 있다고 생각했다는 것이다. "그런데 제가 1.0 등급이 나왔어요. 그때부터 아, 이 시험은 신빙성이 없구나. 생각했어요. 나 같은 사람도 1점대라면, 그 시험은 변별력이 없는 거죠." 자, 이 말에서 사람들이 자신의 성공을 비하하고, 무능력을 확신하는 일에 얼마나 창조성을 발휘하는지 알 수 있다.

연구 결과에 따르면 귀인양식은 성공을 기대하느냐 하지 않느냐와도 밀접한 관계가 있다. 실패를 예상했는데 일이 잘된 경우, 그것을 외부 상황이나 우연 때문이라고 설명하는 경향이 있다. 반면 성공을 예상한 경우 일이 잘되면 자기 덕이라고 생각할 확률이 높다. 즉 스스로와 주변 모든 사건을 어떻게 평가할 것인지 결정하는 것은 바로 우리 자신의 기본 태도다.

 일그러진 거울을 조심하라: 당신이 한두 가지 실수를 한들, 전체 성취가 미흡해지는 것은 아니다.

긍정적인 결과를 순전한 운이라고 여긴다면 부정적인 결과에서도 그냥 운이 나빴다고 설명할 수 있다.

실패를 예상했는데 성공했다고 해서 그 성공이 합당치 않고 과분한 것은 아니다. 당신이 스스로의 능력을 과소평가했을 가능성이 높다.

체크해보자 :

당신은 실패와 성공을 어떻게 해석하는가?

▶ 자신의 실수를 어떻게 대하는가? 작은 흠집이 있다고 스스로 해낸 성취
   의 질까지 의심하는 지경에 이르는가? 성취해낸 일의 중요성과 규모에
   비해 작은 실수쯤은 그리 크지 않다고 생각하는가, 아니면 절대로 흠결
   이 없어야 한다는 '무관용 원칙'을 고집하는가?

▶ 다른 사람의 실수를 어떻게 보는가?
   완벽하지 않아도 다른 사람의 성취를 긍정적으로 평가할 수 있나?

▶ 성공이나 실패를 어떻게 설명하는가?
   나의 책임으로 돌리는가, 혹은 외부 상황 탓으로 돌리는가?

▶ 다른 사람들과 협업을 할 때, 팀의 성공과 실패를 책임지는 사람은 누구
   라고 생각하는가?

세 번째 층: 우리의 감정

거울은 유리가 있고 그 한 면에 얇게 은층을 펴 바른 상태로 끝나지 않는다. 만약 그렇다면 거울을 장기간 이용할 수 없을 것이다. 은이 공기에 노출되면 변색하기 시작해 거울에 검은 얼룩이 생기

기 때문이다. 그리하여 또 다른 층으로 은을 덮어 공기가 들어가지 않도록 해야 한다. 내면의 일그러진 거울에도 외부 영향을 차단해 기본 확신을 유지하도록 하는 요인들이 있다. 그렇지 않다면 거듭되는 성공으로 우리의 자아상은 긍정적인 쪽으로 변하고, 사기꾼 거울이 부식되는 일이 일어날 것이다. 진짜 거울에서 은을 보호해 변색하지 않도록 돕는 역할을 하는 것이 내면의 일그러진 거울에서는 바로 감정이다. 그리고 이 감정은 아주 강력할 수 있다.

사실 감정에 거슬러 행동하기는 힘들다. 감정에 반하는 생각만으로도 고통스러울 수 있다. 그러므로 유감스럽지만, 지각과 평가가 우리를 속인다는 사실을 아는 것으로는 충분하지 않다. 흔히 우리는 이성보다 감정을 더 믿기 때문이다.

당신이 거미를 무서워한다면, 제아무리 많은 동물학자가 이 지역에 사는 거미들은 위험하지 않다, 거미에 물려도 목숨에는 절대 지장이 없다고 귀가 닳도록 말해도 자원해서 거미를 만지지는 않을 것이다. 당신의 몸이 거미를 보는 것만으로도 불안 증상을 드러내기 때문이다. 심장이 두근거리고, 떨리고, 땀이 솟고, 너무나 강력한 반응 앞에서 전문가의 발언은 무색해질 뿐이다. 전문가들에게는 거실을 기어 다니는 거미가 위험하지 않겠지만, 당신 마음의 평화에는 엄청난 해가 된다! 그리하여 감정에 따라 유일하게 당위적인 행동을 한다. 거미와 저만치 거리를 두고, 거미가 끼칠 수도 있는 위험을 멀리하는 것 말이다.

감정의 힘이 얼마나 강력한지를 나는 거식증 환자들을 치료하면서 경험했다. 우리가 치료한 젊은 여성들은 자신이 뚱뚱하다고 굳게 확신했다. 자기의 몸무게와 신장을 정확하게 알고 있으며, BMI 지수(체질량 지수) 상으로 심하게 저체중임을 확인했음에도 그랬다. 측정 가능하고, 반박 불가능한 '팩트'들은 맥을 못 춘다. 스스로 뚱뚱하다고 느끼는 그들은 왜곡된 지각과 감정을 명백한 팩트보다 훨씬 더 신뢰했다.

 알아둘 것: 가면증후군에서는 두려움과 수치심, 죄책감이 앞선다.

우리는 종종 감정을 흔들리지 않는 증거로 여긴다. "난 내가 엄청 뚱뚱하다고 느껴. 그러니까 나는 엄청 뚱뚱한 거야." "닌 내가 무능하다고 느껴, 그러니까 나는 무능한 게 틀림없어."

심리학자들은 이런 논지를 감정적 추론이라 부른다. 이런 가정의 근거는 오로지 자신의 감정뿐, 개관적 사실로 뒷받침되지 않는다. 그럼에도 이 가정을 의심하지 않는다. 무엇보다 감정이 우리를 속일 수 있다는 사실을 전혀 받아들이지 못한다.

그러다 보니 가면증후군이 있는 사람들은 계속해서 감정적 추론의 함정에 빠지곤 한다. 그들은 심장이 두근거리고, 땀이 솟구치고, 몸이 떨리는 것을 감지한다. 내부에서 점점 더 확산하는 두

려움을 느낀다. 그러다 딱 한 번 최고의 성과를 내지 못하면, 강한 수치심에 압도된다. 스트레스 호르몬이 전신에 휘몰아치며, 경보를 울려댄다. 이 같은 호르몬과 감정의 과부하 속에서 "좋아, 좋아. 나는 지금 내가 느끼는 것보다 훨씬 더 유능해."라고 되뇌는 것만으로는 충분하지 않다. 이런 문장은 이 시점에는 믿음직스럽지 않다. 신체가 바야흐로 아주 다른 신호를 보내기 때문이다.

칭찬을 받아도 소용없다. 여전히 스스로 무능하다고 느끼다 보니 긍정적인 피드백을 다르게 설명하기 때문이다. 즉 능력이 있는 척 타인을 속이는 것이므로, 사실 자신은 가면을 쓰고 다른 사람들을 속이는 사기꾼임이 틀림없다고 좌절한다.

가면증후군에 동반되는 모든 감정 중 가장 강하게 대두되는 것은 바로 두려움이다. 무엇보다 실패를 두려워하고, 다른 사람들이 나를 어떻게 생각할지 두려워한다. 동시에 성공도 두려워한다. 앞으로도 다른 사람들이 나에게 최고의 성과와 능력을 기대할 것이기 때문이다.

그밖에 자신의 무능을 부끄러워한다. 실수를 저지를 때마다 엄청난 수치심을 느낀다. 이런 수치심은 또 실수를 범하게 될까 봐 두려워하는 마음을 강화한다. 심지어 자기 생각에 대해서도 수치심을 느낀다. 다른 사람들이 나에게 갖는 이미지가 스스로 느끼는 이미지와 차이가 날수록 수치심도 커진다. 이런 수치심 때문에 다른 사람에게 자기를 드러내거나 감정을 털어놓지 못한다.

이런 상황은 다시금 죄책감으로 이어진다. 결국 나는 다른 사람들 앞에서 뭔가를 숨기는 게 아닌가. 그들을 속이고 있으므로(적어도 우리의 지각으로는 그렇게 느껴진다) 그로 말미암아 기분이 안 좋아진다. 칭찬과 인정을 많이 받을수록 죄책감은 더욱 커진다. 죄책감과 수치심은 상호작용해서, 언젠가 속임수가 들통날 수도 있다는 두려움까지 부추긴다.

이런 식으로 부정적인 감정들이 위험하게 혼재되어 서로를 강화한다. 이쯤 되면 아주 다른 자아상을 발달시키고, 자신의 감정을 거슬러 행동하는 것이 어려워진다.

체크해보자:

어떤 감정이 당신에게 영향을 주는가?

▶ 청중 앞에서 커다란 실수를 했다고 상상해 보자. 어떤 감정이 느껴지는 가? 그 감정들을 기술해 보자. 신체에서는 정확히 무엇이 느껴지는가? 이런 느낌이 당신과 당신의 자기 평가에 어떤 영향을 미치는가?

▶ 도전이 두려운가? 정확히 어떤 점이 두려운가?

▶ 뭘 해야 하는지 정확히 알았음에도 할 수 없었던 사건들을 돌이켜 보자. 그때 어떤 감정이 생겨났는가?

▶ 실수했던 상황을 상기해보자. 기분이 어땠나?

▶ 어떤 상황에서 두려움, 수치심 또는 죄책감에 가장 많이 시달리는가? 당 신 스스로 이런 감정이 정당하다고 느끼는가?

네 번째 층: 우리의 행동

일그러진 가면증후군 거울을 외부로부터 굳건히 지키는 또 하나의 층이 있다. 바로 자신의 행동이다. 우리의 생각과 행동은 보통 감정의 영향을 받는다. 기쁨을 느끼는가, 두려움 혹은 분노를 느끼는가에 따라 우리는 상황에 아주 다르게 대처한다. 이런 대처로 말미암아 서로 다른 경험이 쌓이고, 이것은 다시 우리의 시각에 영향을 끼친다.

이제 알게 되었듯이 가면증후군의 경우 수치심에 대한 두려움이 주를 이룬다. 모든 어려운 과제 앞에서 나는 이 과제를 감당할 수 없고, 실수를 저지르게 될 거라고 확신한다. 따라서 이런 도전을 위협으로 느낀다. 신체는 "위험하다!"는 신호를 보낸다.

위험한 상황에 맞닥뜨렸을 때 위기를 모면하려는 여러 방법이 있다. 도망칠 수도 있고, 싸울 수도 있다. 도망이나 싸움이 불가능할 때, 뱀 앞의 토끼처럼 얼어붙기 시작한다. 동물의 세계에서 이 세 가지 행동 패턴을 관찰할 수 있다. 이런 프로그램은 태곳적부터 우리 안에 확고히 심겨있다가, 위험이 다가오면 활성화된다.

 알아둘 것: 위험한 상황에 처할 때 우리는 싸우거나, 도망치거나, 혹은 바짝 얼어서 움직이지 못한다. 이런 세 가지 행동 양식을 가면증후군에서도 찾아볼 수 있다.

프레젠테이션을 성공적으로 끝내지 못했다고 해도, 우리를 잡아먹는 사람은 없다. 뼛속까지 수치심이 느껴진다 해도, 목숨이 위험하지는 않다. 이성적으로는 그 점이 확실하다. 하지만 가면증후군이 있는 사람의 경우 두려움과 수치심이라는 감정이 너무 강력해서, 그로 인해 죽을 것만 같은 기분이 된다. 뇌는 프레젠테이션에서 무슨 일이 벌어질 수 있는지, 어떤 식으로 자기가 사기꾼임이 발각될 수 있는지, 온갖 재앙의 시나리오를 그린다.

그런 다음 강연이나 시험 같은 불쾌한 상황에 직면하면 가장 먼저 피하고 싶은 충동이 든다. 병가를 내고 싶다, 혹은 그냥 사표를 던져 버리는 장면도 상상해 본다. 하지만 보통 사람들에게는 그런 도피가 고려의 대상이 되지 못한다. 장기적으로 별 소득이 없을 것이며 상사, 가족, 동료들을 실망케 하고 싶지 않기 때문이다. 게다가 그런 회피 전략은 자신의 부족을 고백하는 꼴이 아니겠는가. 그러다 보니 도피하고 싶은 충동이 너무나 강해도 (때로는 너무 강해서 실제로 몸이 아플 지경이어도) 대부분은 이런 충동에 굴복하지 않는다. 이제 남는 것은 싸움 아니면 얼어붙기이다.

너무 많이 애쓰는 것

가면증후군에 시달리는 사람들의 고전적인 전략 중 하나는 과도한 노력으로 자신의 부족을 상쇄하는 방법이다. 싸움을 위해 스스로 무장하는 것이다. 마를라는 소위 '오버두어Over-Doer(너무 많이 하는 사람)'에 속한다. 최상의 결과를 내고 실수를 피하고자 종종 밤늦게까지 일한다. 오버두어들은 좋은 성과를 내기 위해 아주 많은 시간을 투자한다. 가능하면 많은 지식을 습득하고자 애쓰며, 문서를 계속 다듬고, 일어날 수 있는 만일의 경우들을 모두 상정해 각각 어떻게 대처할 것인지 전략을 세운다. 이로써 안정감과 통제감을 얻고자 한다. 하지만 이런 계획은 유감스럽게도 역효과를 낸다. 무엇보다 자신에게 과도한 요구를 하고, 도를 넘는 준비에 너무나 많은 시간을 쓴다. 사실 이런 시간은 휴식과 재충전을 위해 시급하게 필요한데 말이다. 아울러 이런 전략은 바라던 안정감을 가져다주지 못한 채 불안을 더 강화한다. 아무리 애를 써도 자기가 설정한 목표에 도달할 수 없기 때문이다. 지식을 더 많이 습득할수록, 자신이 모르는 게 많다는 것을 발견하게 된다. 모든 대답은 더 많은 열린 질문으로 이어진다. 따라서 자신의 무지가 드러날까 봐 두려워하는 사람들은 자신이 알지 못하는 영역을 점점 더 많이 만난다. 그런 지식이 자기 업무의 핵심주제들과는 관련이 없음에도 이를 깨닫지 못한다. 스스로 아는 것이 얼마나 적은지만 볼 뿐이다. 무지로 인해 수치 당하지 않을까 하는 불안감은 준비를 많이 할수록 더 커진다.

노력을 많이 해서 자신의 부족을 상쇄하려는 전략에는 또 하나의 단점이 있다. 그렇게 해서 상황이 성공적으로 마무리되었더라도 자신감이 커지는 대신 다음번 도전에 대한 두려움이 커지는 것이다. 이제 그들은 해당 상황을 잘 넘긴 것은 오로지 엄청난 준비 때문이라고 확신한다. 따라서 다음번 과제에도 최소한 그 정도의 시간을 투자하려 하며, 그러다 보니 준비시간을 과도하게 들이지 않고도 충분히 잘 해내는 경험을 결코 하지 못한다. 번아웃이 찾아오는 것은 시간문제다. 나아가 사기꾼이 된 듯한 기분은 더 강해진다. 어쨌거나 자신은 사기를 친 것이기 때문이다. 남들보다 더 열심히 준비하고는 부끄러워서 그 사실을 숨기지 않았는가.

일그러진 거울을 조심하라: 준비를 잘 한다는 것은 몇 달 동안 골머리를 싸맨 채 여가마저 빼앗겨가며 특정 주제에 골몰한다는 뜻이 아니다. 당신은 너무 많이 애쓰는 상태일 수 있고, 그럼으로써 더 불안해질 수 있다. 성공을 오로지 열심히 준비한 탓으로만 돌리지 말자. 당신이 잘 해낸 것은 근면한 데다 능력이 있기 때문이다.

놀라서 얼어붙다

언더두어Under-doer들은 오버두어들의 반대다. 언더두어들은 싸우거나 도망칠 수 없는 기분이다. 그리하여 그들은 일단 얼어붙은 것처럼 마비되어 아무것도 하지 못한다.

올리버는 언더두어다. 자신이 주재해야 하는 다음 회의를 생각할 때마다 속으로 얼어붙는다. 준비하려고 애써보지만, 그게 잘 안 된다. 시간이 지날수록 불안감은 커지고 잠마저 오지 않는다. 하지만 자신의 감정을 어떻게 다루어야 할지 올바른 출구를 찾지 못한다.

언더두어들은 불편한 일을 미루는 경향이 있다. 곧 해야 할 부담스러운 일을 생각하면 걱정이 되어 심신이 마비되는 듯하고, 그러다 준비를 불충분하게 하거나 마지막 순간에 벼락치기로 해낸다.

이런 행동은 어떤 결과를 초래할까? 과도하게 열심히 준비하는 것보다는 낫지 않을까? 유감스럽게도 그렇지 않다. 언더두어들은 내적으로 계속 투쟁을 벌이고 있기 때문이다. 자신을 점점 휘감아

마비시킬 듯한 불안 속에서, 시시각각 다가오는 위험 외에 다른 것을 생각하지 못한다. 그리고 일단 상황을 성공적으로 넘기면 안도하는 대신 부끄러워한다. "봐, 특별한 노력 없이도 해냈잖아."라고 생각하는 게 아니라 오직 자신의 부족함만 보며 더 열심히 준비하지 못한 스스로를 자책한다. 열심히 준비했더라면 더 좋은 결과를 낼 수 있었다는 생각, 스스로 더욱 사기꾼이 된 듯한 기분에 휩싸인다. 얼어붙어 있다시피 했으니 진짜로 인정을 받을 만큼 잘하지는 못했다고 확신한다. 자신이 지금까지 얼마나 쫄아 있었는지를 다른 사람들이 알았다면, 그들은 경탄 대신 자기를 비웃었을 것이다. 그래서 일을 잘 해냈음에도 영 마음이 좋지 않다.

 알아둘 것: 상황을 잘 감당할 수 없을 거라는 확신은 전형적인 행동으로 이어진다. 과잉보상이나 얼어붙기가 그것이다. 두 가지 행동 양식은 다시금 스스로가 정말로 사기꾼이라는 감정을 강화한다.

언더두어의 경우 준비가 부족하다 보니 프레젠테이션이나 시험, 혹은 다른 과제에서 함량 미달 상태가 되어 안 좋은 소리를 듣거나 긍정적인 피드백을 받지 못할 수도 있다. 그러면 이런 경험은 아주 뼈아프게 느껴진다. 역시나 자신은 무능한 인간이며, 이곳은 자기가 있을 자리가 아니라는 확신이 강화된다.

그러므로 어떤 전략을 택하든 병가를 내든(도망), 과도한 준비

(싸움)를 하든, 아무것도 하지 않는 쪽(얼어붙기)을 택하든, 가면증후군적 사고는 점점 더 강화된다. 어떤 전략으로 나가도 이길 수 없는 게임인 것이다.

"아유, 별 것 아니에요."

가면증후군이 있는 사람들이 보여주는 또 다른 전형적인 행동이 있다. 인정을 받으면 그대로 수용하지 못하고 자신의 성취를 깎아내리는 행동이 바로 그것이다. 상대방에게 자기가 한 일이 사실은 별 것 아니라고, 틀림없이 누구라도 비슷하게 할 수 있었을 것이라고 말한다.

나는 긍정적인 관심만 받아도 곤혹스러워하는 환자를 많이 만나왔다. 심지어 능력 있는 나의 동료들마저 내가 그들을 칭찬하면 그대로 받아들이지 못하고 자신이 한 일을 깎아내리곤 했다. 칭찬을 받아들이는 것이 부적절하거나 범죄라도 되는 양 말이다. 남의 깃털로 자신을 치장하는 것은 옳지 않다는 것을 내면화했기 때문이다. 그들은 오히려 자기가 칭찬을 갈취했다고, 칭찬이 자기에게 합당하지 않다고 느끼면서 반사적으로 칭찬을 거부한다. 칭찬을 거부함으로써 자신이 한 일을 하찮은 것으로 만든다. 다른 사람 앞에서뿐 아니라 스스로도 그렇게 믿는다. 그로써 긍정적인 피드백이 우리 내면의 일그러진 거울을 동요시키지 않게끔 한다.

일그러진 거울을 조심하라: 누군가가 당신을 호평하면, 이를 기꺼이 받아들여도 된다. 스스로는 그렇게 잘하고 있는 느낌이 들지 않더라도, 당신은 전혀 사기꾼이 아니다.

체크해보자 :
과제를 앞두고 당신은 어떻게 행동하는가?

▶ 지금까지 준비 과정은 어떠했는가? 준비하는 방식을 통해 당신의 두려움이 더 작아졌는지 더 커졌는지 돌이켜보자.
▶ 어떤 영역에서 당신은 뱀 앞에 선 토끼처럼 얼어붙는 경향이 있나? 어떤 두려움이 당신을 자꾸 가로막는가?
▶ 칭찬을 받을 때 어떻게 하는가? 감사히 받아들이는가, 아니면 말이나 행동을 통해 긍정적인 평가가 가당치 않음을 표시하는가?

당신은 이제 지각, 생각, 느낌, 행동의 상호작용에 대해 많은 것을 알게 되었다. 이번 장을 마치며 시간을 내어 각각의 요소를 다시 한번 돌아보자. 당신이 어느 정도로 전형적인 가면증후군에 해당하는 반응을 보이는지, 당신의 일그러진 거울에서 어떤 층이 특히나 두드러지는지 점검해 보자.

자기 성찰 :

**나는 정말로 가면증후군에 해당하는
사고, 느낌, 행동을 보일까?**

위의 체크 질문에 어떻게 답했는지를 다시 한번 훑어보라. 이런 대답들은 다음의 포괄적인 질문에 대한 중요한 열쇠가 될 것이다.

▶ 가면증후군은 나의 경우 어떤 영역에서 가장 많이 나타날까?

▶ 내 지각은 어디에 초점을 맞추는가?

▶ 내게서 어떤 사고의 오류를 발견할 수 있었나?

▶ 죄책감, 수치심, 두려움이 내 생각과 행동에 얼마나 영향을 미치나?

▶ 가면증후군으로 인한 나의 전형적인 행동은 무엇인가?

3장

가면증후군은
어떻게 생겨나는가?

"올리버?! 아 정말, 어서 와! 음식 다 식잖아." 올리버는 한숨을 쉬면서 책을 옆으로 치운다. 지금 굉장히 중요한 부분을 읽고 있는데, 하필 이 시점에 식사해야 한다니. 책을 계속 읽고 싶은데…. 힐끔 시계를 쳐다보던 올리버는 흠칫 놀란다. 순식간에 두 시간이 지나가 버렸다. 가면증후군에 관한 책에 이렇게 사로잡히리라고는 생각하지 못했다. "있잖아, 가면증후군이 많은 경우 유년기에 뿌리를 두고 있다는 거 알고 있었어?" 올리버는 접시에 고기와 감자를 담으며 말을 잇는다. "음…. 그래, 이런 자기 의심은 어디론가부터 연유하겠지. 지금까지 난 내가 이러는 게 타고난 성격 때문이라고 생각했어. 하지만 이 책을 보니, 어린 시절에 경험한 일들이 가면증후군이 생기는 데 꽤 중요한 역할을 한다고 하네." "당신의 경우는 그럴 만도 하지," 페트라가 포크와 숟가락을 한쪽으로 치우고는 두 손을 깍지낀 채, 올리버를 조심스럽게 곁눈질한다. "부모님이 이혼하고 나서 매우 힘들어했다고 했잖아. 오랫동안 무거운 짐을 끌고 다녔다고 말이야. 이제 슬슬 그 경험을 처리해야 할 때가 된 것 같아." "그 말은…?" 올리버는 미처 말을 잇지 못한다. "치료를 받아 봐. 일들을 바로잡고, 새로운 시각을 갖는 데 도움이 될 수 있을 것 같아. 꼭 그렇게 해, 알았지? 옛일들을 잘 정리하고 나면, 당신의 그 자기 의심에도 더 잘 대처할 수 있을 거야."

둘은 한동안 아무 말 없이 각자 생각에 잠겨 음식을 먹는다. 어린 시절의 장면들이 올리버의 뇌리를 스친다. 정말로 과거와 마주하는 것이 의미가 있을지도 모른다. 그러면 실패에 대한 두려움에서 벗어날 수 있을까. 최소한 한 번 시도는 해볼 수 있지 않을까? 올리버는 내일 주변에 괜찮은 심리치료사가 있는지 알아보기로 마음먹는다.

올리버와 마찬가지로 당신도 왜 스스로 가면증후군을 겪게 되었는지 자문한 적 있을 것이다. 어쩌다 실수와 약함만 비추어주는 일그러진 거울을 갖게 되었을까? 처음부터 이렇게 일그러진 거울을 통해서만 세상을 지각해온 것일까? 아니면 어린 시절 어느 시점에 뭔가가 잘못되었던 것일까?

가면증후군을 다룰 때는 이와 비슷한 질문을 늘 만나게 된다. 당연한 일이다. 우리의 생각과 감정을 제대로 이해하려면, 그것들이 어디에서 연유하는지 알아야 하기 때문이다. 생각과 감정은 하늘에서 뚝 떨어진 것들이 아니다. 성장하면서 정체성이 생겨나고, 여러 경험을 통해 지금의 우리 자신이 된 것처럼, 가면증후군도 무슨 경험을 했는지, 무엇보다 그것을 어떤 방식으로 경험했는지를 통해 생겨난다. 따라서 우리의 해석이 중요한 역할을 하며, 그 해석은 다시금 우리의 타고난 성격에 의해 강화된다.

특별히 가면증후군에 취약한 인성 같은 것이 있을까?

폴린 클랜스가 동료인 수잔 임스와 함께 사기꾼 현상을 연구하기 시작했을 때 그들은 "이처럼 왜곡된 지각이 어디서 연유하는 것일까?" 질문을 던졌다. 무엇보다 특정한 인성이 결정적인 역할을 하는지 여부를 규명하고자 했고, "전형적인 가면증후군 인성은 없다"는 결론을 내렸다. 물론 가면증후군에 이르는 전형적인 인성은 없다고 해도, 가면증후군에 시달리는 사람들에게서 이런저런 성격적 특성을 엿볼 수 있으며, 이 성격들이 내면의 일그러진 거울을 쉽게 믿도록 해주는 것 또한 사실이다. 특히 내향적인 사람들, 완벽주의 성향을 지닌 사람들, 신경증적 성향이 있고 자존감이 낮은 사람들이 가면증후군에 걸릴 위험이 큰 것으로 나타났다.

자, 그러면 가면증후군 인성 칵테일의 각 요소를 하나씩 자세히 살펴보기로 하자.

내향성

어떤 사람은 타인들과 어울려 있을 때 활짝 피어난다. 함께 어울리는 걸 좋아하고, 거기서 많은 에너지를 얻는다. 그들은 단체 생활 적합자이다. 여러 가지 주제로 어렵지 않게 수다를 떨 수 있으며, 종종 스몰토크의 달인이다. 이런 유형의 사람들을 외향적이라고 부른다.

내성적인 사람들은 전혀 다르다. 그들에게는 혼자서만 보내는 시간이 필요하다. 그래야 충전이 된다. 사람들 사이에서는 종종 불편하고, 기가 빨리는 느낌이다. 주변 여러 사람이 자신의 에너지를 쏙쏙 빨아들이는 느낌이라고 할까? 표면적인 대화를 하는 것이 힘들게 느껴지고, 그저 자신만의 생각에 잠겨 있는 쪽이 편하다. 일이 있을 때는 조언을 구하기보다 혼자 어찌어찌 해결한다.

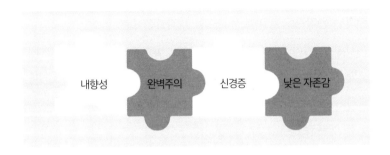

내향성　완벽주의　신경증　낮은 자존감

자, 내향적인 사람과 외향적인 사람 중 누가 자기를 의심하고 내면의 일그러진 거울의 속삭임에 혹할까? 당연히 내향적인 사람들이다. 그들은 서로 이야기를 나누지 않고, 주변 사람들에게 자신의 속내를 허심탄회하게 털어놓지 않는다. 그러다 보니 다른 시각을 알아갈 기회가 적고 자신의 지각과 타인의 지각이 얼마나 일치하는지 점검할 기회를 놓치게 된다. 책 맨 앞의 동화에서처럼 그들은 아주 자연스럽게 자기 내면의 일그러진 거울이 올바른 상을 보여준다고 철석같이 믿는다.

 알아둘 것: 내향적인 사람들에겐 외부로부터의 피드백이 부족하기 쉽다. 그로써 잘못된 기본 가정을 교정할 가능성도 줄어든다.

기본 토대가 이미 잘못되어 있을 때 (여기시는 자아상이 이미 잘못되어 있을 때) 사람은 어쩔 수 없이 잘못된 결론에 이르게 된다. 이것은 말하자면 1+1=3이라고 가정하는 것과 유사하다. 이런 가정을 토대로 모든 것을 계산하며 산다. 그런 계산은 그 자체로는 일관되고 논리적으로 맞다. 하지만 그 계산은 틀렸다.

상황이 이러할진대 아무도 기본 가정이 잘못되어 있음을 당신에게 말해주지 않는다. 어떤 일이 일어날까? 당신은 이런 가정을 의심하지 않고 고수한다. 다만 계산 결과가 다른 사람들의 그것과 왜 차이가 나는지만 의아할 뿐이다.

체크해보자:

당신은 내향적인 사람인가, 외향적인 사람인가?

▶ 사람들이 모인 자리에 가면 에너지를 빼앗기는가 아니면 사람들 사이에
　서 활짝 피어나는가?

▶ 혼자서 좋은 시간을 보내는가, 아니면 혼자 있으면 쉽게 불안해지는가?

▶ 일을 혼자서 해결하는가, 아니면 종종 타인에게 조언을 구하는가?

▶ 당신의 내면을 속속들이 아는 사람이 있는가? 상황을 다른 시각에서 보
　기 위해 누군가에게 속을 털어놓을 수 있는가?

완벽주의

스스로 너무나 부족한 사람으로 느끼게 만드는 또 다른 인성 특성
은 완벽주의다. 많은 이들은 아주 성실하다. 최상의 결과를 내려
하고, 세세한 부분에 이르기까지 흠이 없도록 자신의 성과를 극대
화하는 걸 즐거워한다. 어떤 사람들은 이런 충동이 너무 강해서,
실수가 빚어지는 것을 전혀 용납하지 못한다. 완벽주의 성향이 있
는 사람들의 시선은 늘 더 좋게 할 수 있었던 일들을 향한다. 최선
을 다해 일을 끝낸 기쁨은 그다지 크지 않다. 오히려 실수가 하나
라도 드러날까 봐, 하늘처럼 높은 자기 기준을 충족시키지 못할까
봐 노심초사한다.

　1장에서 살펴본 것처럼 어떤 사람들은 전혀 실수 없이 일해야
만 능력 있는 것으로 믿고, 작은 실수 하나만 저질러도 이미 무능

력하다고 받아들인다. 그들은 자신의 실수를 찾는 데 매우 잘 훈련되어 있다. 그리하여 아무리 작은 것이라도 늘 실수를 발견하게 되고, 작은 약점도 과대평가한다. 하지만 곳곳에서 자신이 개선할 수 있는 부분이 눈에 들어오면 어떤 일이 일어날까? 자기 삶은 순전히 결함투성이라는 느낌이 든다. 나아가 스스로 사기꾼이라는 기본 확신이 더 강해진다. 그러나 사기꾼으로 발각되고 싶지 않기 때문에 이를 악물고 실수를 피하고자 발버둥친다.

 알아둘 것: 성실한 것은 좋은 성격이다. 하지만 실수를 완벽하게 피하려는 완벽주의는 과도한 요구이다. 보통은 이런 기대를 충족시킬 수 없다. 그러다 보니 부족하다는 느낌만 더해질 따름이다.

이런 배경에서 완벽주의 성향을 지닌 사람들이 자기 자신을 불충분한 사람으로 느끼는 것은 당연하다. 누구든 최고 수준의 완벽에는 결코 도달할 수 없기 때문이다. 완벽주의 성향의 또 다른 단점이 있다. 완벽한 결과물을 내려고 노력하다 보니 별로 중요하지 않은 작은 것에 너무 많은 시간을 소모한다. 당연히 어떤 결과물을 내는 데 다른 사람들보다 훨씬 오랜 시간이 걸리고, 종종 마지막 순간에 급하게 결과물을 내거나 때로는 아예 끝마치지를 못한다. 이런 상황에 맞닥뜨리면 절망감에 사로잡히고 스스로 부족한 사람이라는 확신은 더 강고해진다.

체크해보자 :
당신은 완벽주의 성향이 있는가?

▶ 문서를 얼마나 오래 다듬는가?
▶ 종종 자신이 한 일이 불만족스럽고 더 잘할 수 있었다는 생각이 드나?
▶ 예전에 학교에서 'A'를 맞으면 만족했는가, 아니면 최고점수를 맞지 못한 것 때문에 괴로워했는가?
▶ 실수하거나 모르는 것이 나오면 얼마나 화가 나는가?

신경증

어떤 사람들은 무슨 일에도 별로 흔들리지 않고 의연하다. 심지어 직업적으로 불안하거나 질병이 생기거나 인간관계에서 실망해도 개의치 않고, 미래를 낙관적으로 바라본다. 이렇게 행복한 사람들은 자신감이 있고 심리적으로 안정된 이들이다.

신경증 성향이 있는 사람들은 완전히 다르다. 그들은 기본적으로 예민하고 소심하며, 쉽게 걱정하는 경향이 있다. 경험을 부정적으로 처리하고, 모든 일을 자기와 연결해 생각하며, 곳곳에서 위험을 찾아낸다.

우리는 기본적으로 이 두 양극단 사이에서 움직인다. 하지만 신경증 성향이 강할수록, 내면의 일그러진 거울에 속아 넘어갈 확률이 더 높아진다.

본적으로 소심하고 불안한 태도로 살아가다 보면, 어렵거나 □한 상황들을 스스로 헤쳐나갈 자신이 없어진다. 예상할 수 있 □ 모든 불행을 떠올리며 무기력해지고 스스로 움츠러든다. 무슨 일이 생기면 자기 탓을 하고, 자신의 실수를 크게 부풀려서 평가 하는 경향이 강하다. 이런 과정을 통해 당연히 스스로 부족하고 무능력하다는 느낌이 강화된다.

아울러 신경증적 성향이 있는 사람들은 심리적으로 안정된 사 람들보다 모든 일에 더 감정적으로 반응한다. 무엇보다 두려움, 슬픔, 분노와 같은 부정적 감정을 더 강하게 경험하고 스트레스에 잘 대처하지 못한다. 따라서 성과를 발휘해야 할 때 너무 강한 부 담감에 시달리며, 실패의 두려움을 강하게 느끼게 된다. 이런 사이 클을 반복하며 가면증후군이 심해지는 것은 놀랄 일이 아니다.

체크해보자 :
당신은 스트레스에 얼마나 강한가?

▶ 당신은 미래를 낙관적으로 바라보는가, 아니면 불안하게 바라보는가?
▶ 종종 신경줄이 끊어질 것 같은 기분이 드나? 작은 일에도 평정을 잃어버 리나?
▶ 일들을 곧장 자기와 연관시키는가?
▶ 스트레스에 어떻게 대처하는가?

낮은 자존감

스스로 가치가 없다고 느낄수록, 일그러진 거울에 걸려들기 쉽다는 건 이미 짐작했을 것이다. 자신을 신뢰하지 않고, 곧장 자기 안에서 잘못을 찾고, 성과로만 스스로를 정의하면 감당하기 힘든 압박감에 시달리고 실패할까 봐 전전긍긍하게 된다.

 알아둘 것: 자존감이 낮은 것은 가면증후군의 기본 전제 조건 중 하나다. 자신의 성취를 제대로 평가하지 않고 스스로에게 과도한 요구를 함으로써 능력이 없다는 자기 확신을 더 굳힌다.

자존감이 낮은 사람들은 타인의 도움을 거절하거나 다른 누군가에게 일을 맡기고 업무를 위임하는 걸 힘들어한다. 그들은 절대로 자신이 약점을 잡혀서는 안 된다고 생각한다. 그렇지 않으면 더는 사랑받지도 존경받지도 못할 거라고 본다. 그밖에도 다른 사람의 필요에 맞추려고 노력한다. 그러다 보니 늘 자신에게 과도한 요구를 하고 실수를 범하며, 실수는 다시금 자신이 충분히 잘하고 있지 못하다는 의심을 확인시킨다. 자존감이 낮을수록 타인의 생각이 중요하게 다가오며, 그로 인해 실패를 두려워하고, 자신의 부족함을 수치스럽게 여기는 경향이 높아진다. 자존감이 낮으면 칭찬을 받아들이거나 자신을 자랑스럽게 생각하기가 힘들다. 그들은 자신이 인정받을 만한 가치가 없다고 느끼며, 그러므로 칭찬을 받으면 곧장 스스로를 깎아내린다.

반면 건강한 자존감의 소유자들은 타인이 자신을 어떻게 생각하든 그다지 관심이 없다. 그들은 스스로 만족하고 잘 돌보는 것으로 족하다고 생각한다.

체크해보자 :
당신의 자존감은 어떠한가?

▶ 스스로 자랑스럽게 여기고 이를 드러낼 수 있는가?
▶ 자신이 어떤 사람인지 설명해야 할 때 강점이 먼저 떠오르나, 약점이 먼저 떠오르나?
▶ 칭찬받을 때 기분이 어떤가? 칭찬을 받아들이고 기뻐할 수 있는가, 아니면 오히려 불편하게 느껴지는가?
▶ 무엇이 당신을 사랑받을 만한 사람으로 만든다고 생각하는가?

이제 우리는 어떤 성격을 가진 사람이 가면증후군을 겪기 쉬운지를 알게 되었다. 하지만 성격 특성만으로는 설명이 부족하다. 가령 내향적이지만, 가면증후군 특유의 사고를 하지 않는 사람들도 많다. 성격적 특성이 자동적으로 가면증후군을 유발하는 것은 아니다. 오히려 어릴 적에 심긴 경험들, 특정한 역할을 하도록 몰아갔던 경험들이 가면증후군이 생기는 데 더 큰 비중을 차지한다.

어떻게 가면증후군을 겪게 되는 것일까?

시중에서 볼 수 있는, 상을 일그러뜨려 보여주는 거울은 사실 아주 정상적인 거울이다. 다만 거울이 굽어 있을 따름이다. 이런 굴곡을 통해 상이 크거나 작게, 혹은 뚱뚱하거나 날씬한 모습으로 재현된다. 우리 내면의 일그러진 거울도 그러하다. 이 거울 역시 굽어 있다. 우리 자신에 의해 그렇게 되었다. 우리는 특정 역할에 맞추기 위해 스스로를 구부러뜨려야 했다.

어린아이는 세상이 어떻게 돌아가는지, 좋은 삶을 살려면 어떻게 해야 하는지 아직 알지 못한다. 보통은 부모 및 주변 애착 인물들의 본을 따라 살고자 노력하는 과정에서 정체성과 자존감을 형성해 나간다. 다만 이 과정에서 부작용이 생길 수도 있다. 아이는 간혹 애착 인물들이 던지는 말을 오해하고, 그런 말들에 너무 많은 의미를 부여한다. 특정한 경험으로부터 잘못된 결론을 내리기도 한다. 부모가 노골적으로 그들에게 높은 기대를 할 수도 있다. 이 모든 것은 아이로 하여금 자신의 발달 수준이나 능력에 비해 과중한 역할을 떠안게 만들 수 있다. 게다가 과중한 요구를 충족시키는 데 거듭 실패하다 보면, 스스로 충분히 멋진 사람이 아니라는 확신이 커진다.

사기꾼 현상과 연결된 삶의 이야기는 많은 얼굴을 갖는다. 그리고 그 얼굴들 대부분은 아이가 부담을 느끼는 상황, 자신의 역할에 불편을 느끼는 상황으로 귀결된다. 나는 올리버와 마를라의 예를 통해 각각의 경험이 얼마나 다를 수 있는지, 그리하여 가면증후군으로 이어지는 단 하나의 경로는 없음을 보여주고 싶다.

올리버의 이야기:
"난 어머니를 위해 강해지고자 했어요."

아버지가 가족을 떠났을 때 올리버는 네 살이었다. 이제 서른여섯 살이 된 올리버는 이렇게 말한다. "거의 기억나지 않아요. 그때 나는 아주 어렸어요. 하지만 엄마가 침대에 누워 숨을 몰아쉬며 꺼억꺼억 울던 기억은 나요. 이런 장면을 떠올릴 때마다 무력감과 공포감이 걷잡을 수 없이 몰려와요. 그때 나는 엄마도 그냥 집을 나가버릴까 봐 너무나 무서웠어요. 너무 슬퍼서 엄마가 죽어버리지 않을까 두려웠어요."

이때부터 어린 올리버는 스스로 엄마에게 성가신 존재가 되지 않으려 했다. 자신의 문제로 엄마가 힘들어하지 않도록 노력했고, 엄마에게 뭐든 도움이 되는 아들이고자 했다. 이미 조용하고 진지한 아이였던 올리버는 그 경험 이후 더욱더 자신에게 침잠했다. 그리고 자기로 인해 엄마가 미소짓는 일이 많아지도록 노력했다. "엄마가 나를 자랑스러워하면 기분이 좋았어요. 엄마가 웃으면 비로소 '내가 모든 걸 잘했구나' 생각했죠. 어느 때부터인가 엄마를 기쁘게 하는 것이 내 인생의 목표가 되었어요. 하지만 동시에 언젠가는 내가 엄마를 실망케 하지 않을까 늘 두려웠어요. 절망에 빠져 울던 어머니 이미지는 내 뇌리 깊숙이 박혔어요. 마음 한구석에는 어머니를 잃어버리지 않을까 하는 공포가 자리 잡고 있었고요."

어머니는 점점 더 조숙한 올리버를 의지했다. 심지어 올리버는 만 열여섯 살 때까지 어머니와 같은 침대를 쓰며 어머니 곁에서 잤다.

"엄마와 한 침대를 쓰는 게 특이한 일이라는 걸 몰랐어요. 엄마가 아빠와 헤어진 직후 우리 둘은 혼자 있고 싶지 않았어요. 서로를 필요로 했죠. 그러다가 성에 눈을 뜨고 이성에 관심이 생기면서 비로소 엄마 옆에서 자는 것이 점점 불편해졌어요." 그동안 자신이 어머니에게 남편을 대신하는 역할을 해왔다는 사실이 그제야 분명해졌다. "요즘 심리치료를 받고 있어요. 치료사는 어머니가 나를 자신의 배우자를 대리하는 존재로 삼아 학대했다고 말하죠. 하지만 나는 그렇게 보지 않아요. 어머니는 나를 필요로 한 거예요. 내 어머니는 젊은 나이에 이혼의 아픔을 겪은 후 혼자서 생계를 꾸려가야만 했어요. 너무나 힘들고 외로우셨겠죠. 그런 어머니에게 나 말고 누가 있었겠어요? 어머니에겐 아무도 없었어요."

어머니의 보호자 역할을 하다 보니 때로 모자가 바뀐 듯한 상황이 연출되기도 했다. 올리버가 어머니에게 어린 애다운 투정을 부리는 대신, 오히려 어머니가 자신의 걱정을 아들과 상의했다. 재정적인 문제, 직업적인 어려움, 동료와의 갈등…. "난 분명히 힘겨웠을 거예요. 어떤 아이라도 내 상황이었다면 그랬겠죠. 하지만 그때 나는 어머니 상태가 안 좋으면 그게 나 때문이라고 생각했어요. 엄마는 나를 '똑똑이 올리버'라고 부르곤 했죠. 그래서 더 힘들었어요. 나는 엄마가 언젠가는 자기 아들이 전혀 똑똑하지 않다는 걸, 오히려 멍청한 애라는 걸 알게 될까 두려웠어요. 그렇게 오랜 시간 동안 엄마의 아들이라면 마땅히 엄마에게 실질적인 도움이 되어야 한다고 생각하며 살았죠."

오래전에 성인이 된 지금도 올리버는 종종 옛 패턴으로 돌아간다. 실수하거나 자기 기대에 부응하지 못할 때마다 당시의 어린아이처럼 반응한다. 자신이 어머니(나아가 아내와 상사)를 실망케 하지 않을까 두려워하는 것이다. 자신이 이렇게 반응하는 원인을 올리버는 이제 잘 알고 있다. 그럼에도 문제에 맞닥뜨릴 때마다 과거로 순간이동을 해서 필사적으로 어머니가 고통스럽지 않도록 애쓰던, 너무나 큰 짐에 짓눌려 발버둥 치던 네 살배기 소년으로 되돌아가는 것이다.

감당하기 힘든 역할을
짊어지는 아이

올리버의 이야기는 슬프지만 그리 드문 예는 아니다. 어린아이들이 아버지나 어머니를 위한 책임을 떠맡는 경우가 흔히 있다. 그렇게 되게끔 하는 방아쇠는 많다. 올리버처럼, 이혼한 후 홀로 남겨진 엄마나 아빠가 자신의 아픔을 다스려야 하는 예도 있다. 한쪽 부모가 병들어 아픈 상황도 있다. 때로는 부모 둘 다 힘겨운 삶 속에서 자기 문제로 전전긍긍하느라 자녀에게 부모다운 관심을 주지 못하는 현실도 있다. 아이에게 이런 상황은 종종 위협으로 다가온다. 아이는 부모 한쪽을 혹은 둘 다를 잃어버릴까 두려워하고, 엄마 혹은 아빠가 잘 지내게 하고자 책임감을 느낀다. 그런 가운데 자신의 역할을 과대평가한다. 부모가 잘 지내지 못하면, 그게 자기 잘못인 양 여기고 자신이 실패했다고 생각한다.

 알아둘 것: 엄마 아빠의 상태에 스스로 책임감을 느끼는 아이는 보통 과중한 부담을 지게 된다. 무엇보다 엄마나 아빠가 스스로의 문제에 골몰해 아이의 필요에 제대로 부응할 수 없는 상황일 때 그러하다.

엄마에게 추가적인 짐을 안기지 않기 위해 올리버는 어린 나이에도 불구하고 자기 문제는 자기가 알아서 해결했고, 엄마에게는 사려 깊은 경청자가 되어주었다. 그러다 보니 엄마는 아들을 본래보다 훨씬 더 성숙하고 어른스러운 존재라고 느끼며 어른처럼 대하게 되었다.

엄마는 자신의 온갖 어려움을 올리버와 상의했는데, 이것은 어린 올리버에게 크나큰 부담으로 작용했다. 스스로 잘 설명할 수는 없지만, 올리버는 엄마가 보는 자신의 모습과 스스로 생각하는 자기 모습 사이에 괴리가 크다는 걸 느꼈다. 이로 말미암아 자꾸 자신이 엄마를 속이고 있으며, 거짓말쟁이이자 나쁜 아들이 된 것 같은 기분에 빠지곤 했다.

아이들이 부모를 기쁘게 해주기 위해 어른스럽고 성숙하게 행동하다 보면, 아이는 종종 잘못 평가되어 아이로서 감당하지 못할 일들을 떠맡는다.

하지만 자기에게 주어지는 기대를 충족시키기에 그들은 너무 어리다. 스스로 그런 기대를 잘 감당할 수 없는 상황에서 아이들은 실패에 대한 책임을 자신에게 돌린다. 주어진 과제가 너무 과중하여, 그것을 감당하는 게 비현실에 가까운 일임을 제대로 깨닫지 못하고(어린 나이 때문에라도 그것을 결코 깨달을 수 없다), 모든 게 자신의 능력 부족과 불성실 탓이라고 자책한다. 그리하여 점점 자신은 충분히 잘 해낼 수 없는 사람이라는 감정이 싹트고, 이런 감정이 성인기까지 계속된다.

만일 너무나 큰 부담에 고통스러워 하던 아이가 어른에게 힘겨움을 토로한다면, 어른은 아이에 대한 자기 시각을 곧장 수정하고, 다르게 대할 것이다. "네가 나를 배려해서 그런 역할을 떠맡으려고 노력하지 않아도, 너는 충분히 가치 있고 소중한 존재야. 그리고 엄마의 삶은 엄마가 충분히 감당할 수 있단다."라고 일깨워줄지도 모른다.

그러나 유감스럽게도 그런 상황에 처한 아이들은 어른들을 실망케 할까 두려워 힘든 내색을 하지 않는다. 이렇게 부담의 바퀴는 계속해서 돌아가고, 차츰 가면증후군이 생겨난다.

 일그러진 거울을 조심하라: 우리가 다른 사람의 행동과 감정에 미칠 수 있는 영향은 극히 제한적이다. 그러므로 상대를 부단히 행복하게 혹은 자랑스럽게 만들려는 모든 노력은 실패할 수밖에 없다.

체크해보자 :
나는 어떤 부분에서 너무 많은 책임을 떠맡았는가?

▶ 어린 시절을 회상해 보자. 부모님은 어떠했나? 부모님이 슬퍼하거나 불행해 보이면, 아이로서 기분이 어땠나?

▶ 부모에게 기쁨을 주기 위해 어떻게 했는가?
이런 행동은 그냥 어린애 같은 자연스러운 것이었나, 아니면 있는 그대로의 나를 보여주지 못한 채 역할에 맞추어 나를 구부러뜨려야 했나?

▶ 부모는 당신을 어떤 시각으로 보았나? 이런 이미지가 당신의 시각과 일치했나?

▶ 가족 안에서 당신은 어떤 역할을 했나? 이런 역할이 즐거웠나, 아니면 부담이 되었나?

▶ 어떤 상황이 힘겨웠나? 이런 상황과 오늘날 부담이 느껴지는 상황 사이에 유사점이 있는가?

마를라의 이야기:

"부모님께 나는 늘 세상에서 가장 똑똑한 아이였어요."

마를라의 어린 시절은 올리버와는 매우 달랐지만, 그녀 역시 가면증후군을 겪고 있다. "우리 집은 그림책에서 나올 법한 화목한 가정이었어요. 부모님은 나와 언니를 늘 지지해주고, 믿어주었어요. 언니는 나보다 두 살 위였죠. 언니는 모든 것을 아주 힘들게 노력해서 터득하는 편이라 늘 열심히 한다고 부모님께 칭찬을 받았어요. 반면 나는 머리 회전이 빨라 금방 이해했고, 엄마가 언니 숙제를 봐줄 때 어깨너머로 많은 것을 배웠어요. 엄마가 언니에게 7×4가 얼마냐고 물었고 내 입에서 정답이 튀어나왔을 때 엄마가 깜짝 놀라던 기억이 아직도 생생해요."

마를라의 부모님은 똑똑한 딸을 매우 자랑스러워했다. 지인들에게는 종종 막내딸이 학교도 가기 전에 글자를 다 읽고, 구구단까지 외웠다고 자랑했다. 마를라는 부모님이 자신을 자랑스러워하는 것을 똑똑히 보면서 자기가 특별한 아이이며 그로 인해 부모님을 기쁘게 해드릴 수 있음을 배웠다. 다른 한편으로 어린 시절 마를라는 정말로 똑똑한 사람은 별 노력을 기울이지 않아도 공부를 수월하게 할 수 있다는 걸 배웠다. "초등학교에서는 정말로 잘했어요. 수업시간에 멍 때릴 때가 많았는데도 좋은 성적을 집에 가져갈 수 있었지요. 하지만 그 뒤 김나지움(독일의 인문계 중고등학교 과정)에 입학한 나는 충격을 받았어요. 그 전까지는 내가 엄청나게 머리 좋고 영리하다고 생각했어요. 부모님의 칭찬도 그런 생각을 부추겼죠. 그런데 갑자기 문제가 발생한 거예요. 김나지움 공부는 초등학교 때와 차원이 다르게 버거웠어요. 그리고 나 자신을 의심하기 시작했어요. 부모님이 옳았던 걸까? 부모님이 나를 잘못 보았던 게 아닐까? 사실 나는 아주 평범한 아이인데, 그걸 알게 되면 부모님은 뭐라고 하실까?"

마를라는 이런 자기 의심을 부모님께는 숨기려 했다. 성적을 잘 받으려면 자기도 열심히 공부해야 한다는 것을 부모님에게 보여주지 않으려 스쿨버스 안에서 과제를 끝내고, 수업을 앞두고 쉬는 시간에 공부했다. 이런 일이 언제나 잘되지는 않았다. "언젠가 지리시험을 완전히 망쳤던 기억이 나요. 선생님은 기초 지식에 속한다고 생각하고 문제를 냈는데, 단기기억에 의존해 공부해온 나는 시험지를 받자마자 머리가 하얘지고 아무것도 떠오르지 않았어요. 당연히 시험을 망치고 말았지요. 그다음 지리 수업시간이 되었을 때 배가 아파서 도저히 교실로 들어갈 수가 없었어요. 엄마가 나를 데리러 와야 할 정도였지요. 돌이켜보면 지리 수업에 들어가 망친 시험지를 받아야 하는 현실과 직면하는 걸 견디지 못해 심한 복통이 생겼던 것 같아요. 시험을 망쳐 버렸다는 게 너무나 창피했어요!"

마를라는 학교에서 겪는 문제들을 부모에게 이야기하지 않았다. 부모님이 알면 실망하시지 않을까 두려워서였다. 주로 좋은 점수를 받았기에 한 번씩 미끄러져도 별로 눈에 띄지 않았고, 성적표의 평점은 좋았다. 그럼에도 마를라는 자기가 정말로 머리가 좋은지 점점 더 의심하기 시작했다. 시험에 대한 두려움도 해가 갈수록 커졌다. 지금까지도 말이다. "내가 머리 좋고 공부를 잘해서 대학공부도 했다고 부모님이 말씀하실 때마다 마치 나 자신이 사기꾼처럼 느껴져요. 사실은 부모님이 믿는 것만큼 똑똑하지 않다고 여기기 때문이죠. 나보다 똑똑하고 성공적인 삶을 사는 사람들이 너무나 많은 것 같고요. 대학공부도 내 실력으로 했다기보다 운으로 어찌어찌 버텼어요. 여러 해가 흐른 지금도 내가 본래 알고 있어야 할 내용에 대해 질문을 받으면 가슴이 콩닥콩닥 뛰고 식은땀이 나요. 프레젠테이션할 때도 그렇고요. 실수를 범하거나 내 무능함을 보여주게 될까 봐 너무나 두려워요. 전에는 부모님을 실망케 하지 않고자 했는데, 요즘에는 상사를 실망케 하고 싶지 않고 그의 기대를 충족시키고 싶죠. 계속 이렇게 전전긍긍 살아야 하는 건지, 한편으로는 그 점도 두렵고요."

―――――――

올리버와 달리 마를라는 행복한 어린 시절을 보냈고 어머니 아버지의 적극적인 뒷받침을 받았다. 부모님은 딸들을 자랑스러워했고, 자신감 있는 사람들로 키우려 했다. 그래서 두 딸의 강점을 칭찬했다. 첫 딸에겐 열심히 노력한다고, 작은딸에겐 머리가 좋다고 칭찬했다. 하지만 어린 마를라는 머리가 좋다는 것에 대한 왜곡된 표상을 갖고 말았다.

아이들이 자신에 대한 어른의 기대를 충족시키고자 하는 압박감에 시달릴 때 이런 일은 심심치 않게 일어난다. 그러면 아이는 어른들이 하는 많은 말을 과장되게 해석하고, 잘못된 결론을 내리고, 극단적으로 생각한다.

마를라의 경우, 정말로 영리한 사람은 노력을 기울일 필요가 없다고 확신했다. 또 다른 과장된 가정도 가면증후군을 유발할 수 있다. 다섯 살짜리 딸에게 엄마가 "넌 아주 이해심 많은 누나구나."라고 칭찬하면 아이는 자신이 절대로 남동생에게 화를 내서는 안 된다는 식으로 그 칭찬을 받아들인다. 운동시합에 나가 상을 탄 후 부모가 기뻐하는 것을 본 아이는 시합이 있을 때마다 혹시나 질까 두려워하는 마음으로 임한다. 계속해서 시상대에 올라 부모님을 기쁘게 해야 한다고 생각하기 때문이다.

 알아둘 것: 부담감은 종종 과장된 이상을 품고 부응하려 할 때 생겨난다. 하지만 이상을 온전히 실현하는 것은 불가능하다.

체크해보자 :
자신의 능력을 어떻게 생각하는가?

▶ 어릴 때 어떤 칭찬을 자주 받았나?
▶ 칭찬을 받았던 당신의 강점을 정의해 보자. 이런 정의가 보편타당한 상식에 부합하는가?
▶ 어릴 때 자신에 대해 지나친 기대를 했나? 이런 기대는 어떤 영역에서 가장 자주 등장했나?

자신에게 부과한 이상적인 기준은 충족될 수 없다. 우리 모두 그저 인간일 뿐 슈퍼히어로가 아니기 때문이다. 아이는 스스로 기대에 부응할 수 없다는 걸 다른 사람들이 알고 자기에게 실망할까 두려워한다. 그리하여 자신의 어려움을 발설하지 않고 숨긴다. 마음속 부담을 털어놓으면 부모는 아이에 대한 평가를 수정하고, 기대수준을 현실적으로 낮출 수 있을 텐데 말이다.

따라서 모두가 부모 탓, 혹은 그렇지 않다?

올리버와 마를라는 너무나도 다른 삶을 살았지만, 여러 면에서 공통점이 있다. 두 사람 모두 어린 시절 과도한 표상에 부합하고자 애썼다. 둘 다 자신이 이런 표상에 부응하지 못하면 부모님이 실망할 거라고 여겼다. 그리고 둘 다 자신이 어느 순간 실패해서 부모님을 슬프게 만들지 않을까 두려워했다. 내면의 일그러진 거울이 어린 시절에 이미 생겨난 것이다. 하지만 부모님은 여기서 무슨 역할을 했을까? 아이가 힘들다는 것을 알아차림으로써 가면증후군이 생기는 걸 막을 수 있었을까?

　심리치료사와 코치로 일하면서 나는 늘 이런 질문에 직면했다. 어린 시절을 돌아보며 많은 사람들은 자신이 부모님의 적절한 뒷침을 받지 못했음을 깨닫는다. 자기에게 정말 필요했던 그 무엇이 부족했음을 말이다. 그러면 몇몇은 지금 자기가 힘든 이유는 부모님 때문이라며 책임을 돌린다. 하지만 부모에게 책임을 돌리거나, 심지어 부모가 달라져서 그동안의 잘못을 만회시켜 주기를 원하는 태도는 그다지 도움이 되지 않는다. 그런 태도로 나가면 다시금 수동적으로 기다리는 아이 역할로 돌아갈 뿐이다. 그들은 구원이 외부에서 와야 한다고 확신한다. 이 경우 부모에게서 말이다. 유감스럽게도 이미 굳어진 가족조직에서 뭔가 변하기를 바라는 건 헛된 기다림이다.

이번 장을 읽으면서 당신도 어린 시절에 있었던 일들, 모든 것이 달라질 수 있었지만 그렇지 못했던 일들이 뼈아프게 되살아났을지 모른다. 만약 그랬다면, 어린 시절의 사건들을 화해의 시선으로 바라보라고 당신에게 권한다. 대다수 부모는 아이들을 위해 최선을 다한다. 올리버의 엄마도, 마를라의 부모도 자녀에게 해를 끼치려는 의도가 없었다. 마를라의 부모는 오히려 칭찬해주고 인정해줌으로써 자녀들을 자신감 있는 사람으로 성장시키고자 했다. 올리버의 어머니도 자신이 아들을 어떤 역할로 밀어 넣고 있는지 의식하지 못했다. 자신의 행동이 장기적으로 어떤 결과를 빚을지 예측하기는 쉽지 않을뿐더러 거의 불가능한 일이다. 아버지와 어머니 역시 각자의 성향과 실수, 약점을 가진 인간들일 뿐이며, 때로는 제한된 자신의 가능성 안에서 행동할 따름이다.

그렇다고 유년시절에 일어난 모든 일을 그냥 받아들이라거나 나아가 하찮게 여겨도 된다는 말은 아니다. 일들이 이상적으로 진행되지 않은 것에 대한 아쉬움은 백번 이해한다. 하지만 우리는 과거에 포커스를 맞추기보다 미래 지향적으로 나아가야 한다.

이 책의 3부에서 당신은 지나온 삶을 다시 한번 집중적으로 되돌아볼 기회와 마주하게 될 것이다. 거기서 스스로에게 필요한 뒷받침을 허여하거나, 과거의 사건들을 아주 다른 시각으로 보는 훈련을 할 예정이다. 이를 통해 가면증후군 배후의 원인을 더 잘 이해하고, 있는 그대로의 당신을 지각할 수 있다. 실패자가 아니라 삶의 예술가로서 자신의 모습을.

소셜 미디어, 가면증후군이 생겨나는 이상적인 토양

그밖에 가면증후군은 출신 가족과는 전혀 무관한, 전혀 다른 요인으로 인해 강화될 수도 있다. 바로 소셜 미디어를 통해서. 일상의 필수 구성요소로 자리 잡은 소셜 미디어는 우리 각자가 참 부족한 사람이라고 느끼게 하는 최상의 조건을 갖추고 있다.

페이스북, 인스타그램 등은 친구끼리 소식을 나누는 장만은 아니다. 오히려 여기서 가상의 시장이 생겨나고 있다. 이런 시장에서 우리는 팔로워와 좋아요, 그리고 미래의 고객들을 얻으려 한다. '가시성'은 마법의 단어다. 물론 무엇보다 성공적인 순간들만 보여야 한다. 따라서 많은 이가 소셜 미디어에서 자기 삶의 달콤한 순간만 보여주는 것도 당연한 노릇이다. 휴가나 화목한 가정생활, 친구들과 즐기는 파티 같은 아름다운 순간들만 공유한다. 울어대는 아이나 엉망진창으로 어질러진 집안 같은 것은 여간해서는 SNS에 올라오지 않는다. 사진은 신중하게 선별되고, 종종 아주 세심하게 보정된다. 기업가들은 환상적인 월 매출액과 인상적인 성장률을 보고한다. 그 누구도 조직상의 어려움, 자기 의심, 고객 감소에 관해서는 이야기하지 않는다. 문제에 관해 완벽한 해결책을 가지고 있을 때면, 그것을 즉시 우리에게 팔고 싶어한다. 물론 특가로 말이다!

 일그러진 거울을 조심하라: 소셜 미디어에서 확산하는 완벽한 표상에 부응하지 못한다고 해서 당신이 열등하거나 무능하다는 의미는 아니다. 누구도 그렇게 완벽할 수 없다.

디지털 미디어 사용자는 얼마 안 가서 나를 제외한 다른 모든 사람이 사회생활을 완벽하게 하고, 직업적으로도 승승장구하고, 외모도 멋지다는 인상을 받게 된다. 삶의 모든 영역을 아우르는 슈퍼히어로들이 실제로 존재한다는 생각이 든다. SNS에서는 늘 모든 것이 실제보다 과장된 보여주기식으로 돌아간다는 걸 잘 알지라도, 우리 머릿속에서 생기는 이미지들을 완전히 차단할 수는 없다. 그리하여 이제 삶이 던져주는 요구들에 충분히 부응할 수 없다는 감정이 슬금슬금 생겨난다. 자신에 대한 과도한 기대가 점점 더 버겁게 다가온다. 하지만 다른 사람들이 다 그런 일을 해낸다면, 자신도 그렇게 할 수 있어야 할 게 아닌가. 게다가 스스로 SNS에 글을 올리거나 포스팅을 한다면, 악순환이 시작된다. 소셜 미디어에서는 당신도 좋은 면들을 보여주고, 자기 의심이나 실패에 대한 두려움을 숨길 것이기 때문이다. 이 과정에서 자연스레 자신이 가짜이며, 들키고 싶지 않은 사기꾼이라는 기본 확신이 굳어진다.

 알아둘 것: 소셜 미디어는 가면증후군을 강화시킨다. 거기서 거짓되고, 과장된 세계를 보며 스스로의 현실과 비교해 열등감을 느끼기 때문이다.

체크해보자 :
소셜 미디어는 내게 어떤 영향을 행사하는가?

▶ 소셜 미디어를 사용하면서 자신감이 어떻게 변화했는지를 관찰해보자.
▶ 당신이 특히 민감하게 반응하는 게시물들이 어떤 것인지 돌아보자.
▶ 어떤 이미지, 용어 혹은 비교가 당신 자신이 부족하고 못났다는 감정을 불러일으키는가?
▶ 소셜 미디어를 어느 정도로 이용하는가? 종종 유포되는 이상적인 이미지와 스스로를 무의식적으로 비교하는가?

자기 성찰 :
나의 가면증후군 이야기는 무엇일까?

3장의 체크 부분들을 통해 당신은 이미 가면증후군이 생기는
각각의 요소들과 마주했다. 자, 이제 각 질문에 대한 대답을 종합하면, 당신
의 가면증후군 이야기를 대략 파악할 수 있다.
다음 질문이 도움이 될 것이다.

▶ 가면증후군을 유발할 수 있는 전형적인 성격 특성(내향성, 완벽주의, 신
  경증, 낮은 자존감) 중 나는 어떤 특성을 가졌으며, 그 성향은 얼마나 강한
  가?
▶ 어떤 외부 영향(잘못된 역할 기대, 애착 인물의 행동, 소셜 미디어에서의
  경험)이 내가 부족한 사람이라는 느낌을 주는가?
▶ 스스로 어떤 면에서 부족하고, 잘하지 못한다고 느끼나? 이런 부분에서
  내가 더 나아져야 한다는 확신은 정확히 어디에서 오는 것일까?

출구는 대체
어디에 있을까?

마를라는 불안한 마음으로 사내 상담실 문 앞에 서 있다. 첫 대화가 끝나고 심리학자는 다음 약속을 잡아주었었다. "어떻게 지내셨나요?" 마를라는 스스로 그렇게 자문해 본다. 심리학자 입에서 그런 질문이 나올 것을 알기 때문이다. 자신이 가면증후군을 겪고 있다는 걸 알게 된 이래 뭐가 바뀌었던가? 물론 자기가 왜 이런 마음이 되는지를 알게 되니 약간 마음이 가벼워지긴 했다. 자신이 정말 이상한 사람이 아니고, 외계인도 아니고, 가면증후군에 시달리는 많은 사람 중 하나일 따름이라니, 그것만으로도 다행이다. 그 이래 마를라는 완벽주의 성향을 줄이려고 애쓰고 있다. 밤에 초과근무를 하는 것도 대폭 줄였다.

그러다 보니 쉴 수 있는 시간이 더 많이 생겼다. 하지만 그런데도 자신이 사기꾼인 듯한 감정은 가시지 않았다. 최근에는 문서 작성을 하면서 의식적으로 다시 한번 수정을 거치지 않았더니만 상사가 금방 작은 실수를 지적했다. 그 순간 수치스러워서 미칠 것만 같았다.

잠시 후 마를라는 심리학자에게 말한다. "있잖아요. 나침반을 잃어버린 기분이에요. 드디어 나 자신이 못났다는 느낌을 떨쳐 버리기 위해 다른 길을 가려고 노력하는데, 또 불안해지고 예전의 확신에 사로잡히게 되거든요. 마치 쳇바퀴를 도는 것처럼 말이에요."

"아, 그럴 거예요." 맞은편의 심리학자가 영리한 눈빛으로 미소를 지었다. "제가 드린 자료를 읽어봤다면, 가면증후군이 얼마나 다양한 차원에서 나타나는지 이미 아셨겠지요."

마를라가 고개를 끄덕인다. "네. 지각, 생각, 감정, 행동 차원에서요."

"맞습니다. 각각의 차원은 다음 차원으로 이어져요. 따라서 당신은 아주 전형적인 악순환에 빠진 거죠. 자, 일단 함께 어떤 단계들이 있는지 살펴보기로 합시다. 그런 다음에 이 길에서 벗어나는 발걸음을 어느 지점에서 시작할 수 있을지 설명할게요."

가면증후군은 하나의 일그러진 거울로만 되어 있는 게 아니다. 전체적으로 보자면 거울 미로라 할 수 있다. 이제 어디로 가야 할지 마침내 알게 되었다는 느낌이 들 때마다 우리는 다시금 막다른 골목에 당도했음을, 혹은 이미 지난번에 한 번 왔던 지점으로 돌아

왔음을 확인한다. 거울 미로에서 우리는 방향을 잃어버린다. 거울 자체가 종종 길이 없는데도 길이 있는 것처럼 속이게끔 배열되어 있기 때문이다. 따라서 당신이 창조성이 있고 지능이 높은 사람이라고 해도, 지금까지 가면증후군 문제에 대한 해결책을 발견하지 못한 것도 놀랄 일이 아니다.

하지만 모든 미로에는 출구가 있는 법. 심지어 여러 개의 출구가 존재할 수도 있다. 그릇된 길은 지워가며 출구를 찾기만 하면 된다. 가면증후군도 마찬가지이다. 다만 탈출을 위해서는 이 증후군의 전모를 파악하고, 당신을 속이는 가짜 길과 올바른 출구를 구분해야 한다.

이번 장에서는 지금까지 살펴본 모든 정보를 서로 연결해 볼 것이다. 일그러진 거울을 구성하는 모든 요소가 어떻게 연결되는지, 무엇보다 서로 어떻게 영향을 끼치는지를 정확히 이해해야, 미로에서 벗어날 출구를 찾을 수 있기 때문이다.

 일그러진 거울을 조심하라: 지금까지 가면증후군에서 벗어날 출구를 찾지 못했다고 해서 출구가 없다는 뜻은 아니다. 출구를 찾을 수 없다는 의미는 더더욱 아니다. 다만 당신은 어디서부터 시작해야 할지 아직 알지 못할 뿐이다.

거울 미로 속으로 걸어 들어가기

우리는 특정한 성격을 타고나며, 타고난 성격이 자라면서 강화되기도 한다. 내성적인 아이는 부모에게 조언을 구하기보다 주로 혼자서 일을 해결하는 성향이 있는데, 이 과정에서 여러 가지를 오해하거나 잘못된 결론을 내리기도 한다. 아이다운 상상력으로, 주변 사람들의 어떤 말을 과장되게 해석하거나 그냥 무시해 버리기도 한다. 그렇게 세상과 자신에 대한, 다른 사람들은 전혀 이해할 수 없는 시각이 생겨난다.

우리는 이미 어린 시절 경험한 특정 사건들(그것은 올리버의 경우처럼 아주 부담되는 경험일 수도 있고, 마를라처럼 오히려 격려하는 말들일 수도 있다)이 어떤 과제를 스스로 떠맡게끔 할 수 있음을 배웠다. 올리버는 남편을 대신하는 역할과 엄마를 기쁘게 해주어야 하는 착한 아들 역할을, 마를라는 모든 것을 쉽게 해내어 부모를 자랑스럽게 하는 똑순이 역할을 제것으로 받아들였다.

당신도 어린 시절 집에서 어떤 역할을 감당했는지, 이런 역할이 당신의 능력에 부합했는지를 생각해 보자. 스스로 어떤 역할을 하는지 명백히 자각하지 못했으나 어릴 적 어른들이 자신에게 어떤 성취나 행동을 기대한다고 확신했을 수도 있다. 그리하여 이 시점부터 기대에 맞게 행동하고자 애썼을 것이다.

올리버도 마를라도 부담을 느끼고 힘들어했다. 하지만 자신이 힘들다는 걸 부모나 친구들에게 털어놓지 못했다. 올리버는 엄마에게 부담이 되지 않으려, 마를라는 부모를 실망케 하지 않으려 애썼다. 그리하여 "무슨 일이 있더라도 엄마를 행복하게 해줘야 해."(올리버), "어려움 없이 술술 성과를 내야 해. 절대 실수해서는 안 돼."(마를라)라는 잘못된 기본 확신을 수정할 수가 없었다.

어린 시절을 회상하며 자신이 집안에서 어떤 역할을 했었는지를 의식해 보면 당신 역시 스스로 품었던 이런저런 왜곡된 생각을 깨달을 수 있을지 모른다. 게다가 여전히 그 패턴으로 살고 있을지도 모른다. 이런 사고 패턴이 당신의 자존감과 실수를 용인하는 면에 어떤 영향을 미쳤는지 자문해 보자.

 알아둘 것: 우리의 성격과 어떤 일에 대한 우리의 해석은 서로 영향을 미치는 동시에 서로를 강화한다.

과도한 기대로부터 실패에 대한 두려움이 생겨난다. 신경증적 기질이 있는 아이들은 어떤 일이 일어나든 그것을 자신과 연관시키고, 부정적으로 받아들인다. 성실성과 꼼꼼함은 서서히 완벽주의로 변질될 수 있다. 실수는 살아가는 과정에서 흔히 일어나는 현상이 아니라, 아주 수치스러운 것으로 여겨지기 때문이다. 그리하여 언젠가는 부모를 실망케 할지도 모른다는 두려움 속에서 전전긍긍한다. 자신을 열등하게 느끼며, 기대를 충족시킬 수 있을 때만 가치 있게 평가한다. 이로 말미암아 자존감이 심각하게 낮아진다.

당신은 이런 사고 패턴을 짊어지고 다니는지도 모른다. 어린 시절 자신에게 부여한 기대들에 100퍼센트 부응하지 못하기 때문에 스스로 충분하지 않다고 여기는지도 모른다. 특정 성격과 실현하기에 너무 큰 역할 기대는 서서히, 그러나 확실히 당신을 가면증후군에 빠뜨려 헤매게 만드는 기본 조건들이다.

한번 가면증후군은 영원한 가면증후군?

내면의 거울은 당신이 맞지 않는 역할을 떠안으려 할 때마다 점점 더 일그러졌다. 기대를 충족시킬 때만 가치 있는 사람이라는 확신이 당신 내면에 자리 잡는 동시에, 실패하고 모두를 실망케 하지 않을까 하는 두려움이 생겨났다. 미로로 들어가는 걸음을 내디딘 것이다. 이후 당신의 아픈 부분을 건드리는 모든 일은 가면증후군 사고를 강화하는 요인이 되었다. 이것이 정확히 어떻게 진행되는지를 올리버의 예로 설명한 후, 당신 개인의 가면증후군적 악순환을 살펴보기로 하자.

올리버가 거울 미로로 입장하게 된 것은 주변 사람들이 잘 지내도록 하는 일에 스스로 책임이 있으며, 그들을 실망케 하지 않아야 한다는 확신 때문이었다. 어릴 적 그는 이미 엄마를 행복하게 만들고, 엄마에게 도움이 되는 아들이고자 노력했다. 그러나 이것은 쉽게 해낼 수 있는 일을 아니었기에, 늘 스스로 부족하다고 여기기에 이르렀다. 다른 사람을 기쁘게 하려는 그의 노력은 오랜 시간 이어져 성인이 되어서도 계속되었다. 직장에서 올리버는 상사나 동료들을 실망케 하지 않으려 최선의 노력을 기울인다. 그곳에서도 자신이 충분히 잘하지 못한다고 느끼며, 언젠가 제 역할을 감당하지 못하는 순간이 올까 봐 부담감을 느낀다.

물론 회사 사람들에게 그는 아주 다르게 지각된다. 모두가 올리버를 믿을만하고, 능력 있고, 사려 깊은 사람으로 여긴다. 사장이 그를 인사팀장으로 승진시킨 것도 바로 그래서다. 올리버는 막중한 책임감 때문에 질식할 것 같지만, 사장의 뜻을 거스르기 힘들어 그 도전을 받아들였다. 그리하여 그가 120명 직원을 일일이 상대해야 하는 상황이 되었다.

인사팀장으로서 올리버는 모든 직원을 두루 만족시키고, 모든 문제를 홀로 해결해야 한다는 부담감에 짓눌려 있다. 무능하다는 낙인이 찍힐까 두려워서다. 당연히 그는 새로운 자리가 너무 벅차고, 스스로 실패자라는 생각에 빠져버린다. 가장 큰 두려움은 자신이 새로운 직책을 소화할 깜냥이 안 되는 사람으로 드러나는 것이다. 올리버의 지각은 이제 거기에 초점이 맞추어진다. 그는 자신 안에서 일어나는 모든 불안에 주목하고, 동료들이 조금이라도 기분 나쁜 기색을 보이면 이를 곧장 자기와 연결해 생각한다. 심지어 회의 중에 누군가 하품만 해도 불안해진다. 자신이 주재하는 회의에서 팀원들이 지루해하는 걸 원치 않기 때문이다. 그렇게 모든 곳에서 단지 문제만 보고 긍정적인 피드백에 주의를 기울이지 않다 보니 본인이 이 자리에 어울리지 않는 사람이라는 확신이 자꾸 강화된다. 올리버는 혼자 괴로워하며 자책하고, 자꾸 다른 사람들과 비교한다. 그리하여 점점 더 자신이 실패자라고, 다른 사람이 인사팀장을 맡았더라면 더 좋았을 거라고 여긴다.

모든 새로운 과제는 그를 불안하게 한다. 감당하지 못할까 봐 두렵기 때문이다. 올리버는 진정 능력 있는 사람이라면 누군가의 도움이 필요 없어야 하고, 이런 직책을 맡을 정도라면 중요한 건 죄다 알아야 한다고 확신하기에 사장님께 뭔가 묻는 것을 힘들어한다. 회의를 주재하는 등 새로 맡은 업무는 친숙한 게 아니므로, 당연히 생소하다. 하지만 자신의 무지를 보여주기 싫어서 주변의 도움조차 스스로 차단한다. 이로 인해 마비적인 불안감이 온몸에 번진다. 직원회의를 어떻게 이끌어야 하는지 알게 뭐란 말인가! 회의 날이 코앞에 닥칠 때까지 준비를 미루고 불면의 밤을 보내면서, 속으로 어떤 불행이 자신에게 닥칠 것인지만 상상한다. 두려움과 수치심은 배가 되고 도무지 마음이 진정되지 않는다.

이제 회의 시간은 다가오고, 그는 벼락치기로 준비를 해서 회의를 주재한다. 회의가 끝나고 모두 그에게 감사 인사를 건네자 올리버는 적잖이 안도하지만, 긍정적인 피드백을 받아들일 수가 없다. 자신이 얼마나 준비를 허술하게 했는지를, 더 많이 준비했더라면 얼마나 더 잘할 수 있었는지를 빤히 알기 때문이다. 부족했던 부분이 이제야 보이고, 더 잘 준비하지 못한 것에 화가 치민다. 그러니 스스로 칭찬을 받을 자격이 있기나 한 걸까?

본래 인정받을 자격이 없는 사람임을 잘 알기에, 올리버는 스스로 사기꾼처럼 느껴진다. 다른 사람들이 왜 자기를 긍정적으로 평가하는지 이해하지 못한다. 다음번에는 이렇게 무사히 넘어갈 수 없을 테고, 늦어도 그때가 되면 모두가 자기에게 실망하게 될 거라고 확신한다. 2주 뒤 워크숍을 주관할 생각을 하니 이미 속이 좋지 않다. 악순환의 다음 라운드가 시작된 것이다.

당신의 개인적인 가면증후군 악순환

이제 당신의 개인적인 가면증후군 퍼즐을 맞출 차례다. 이를 위해 다음 페이지에 한 걸음 한 걸음 당신을 내면의 일그러진 거울 미로로 안내할 그래픽이 있다. 그밖에도 마를라의 예를 통해 당신이 각각의 영역을 어떻게 채워야 하는지 보여주도록 하겠다.

자, 당신의 어린 시절에서 시작해 보자. 어릴 적 당신은 어떤 역할을 하려고 했는가? 그게 잘 안 되었나? 어떤 기대를 충족시키고

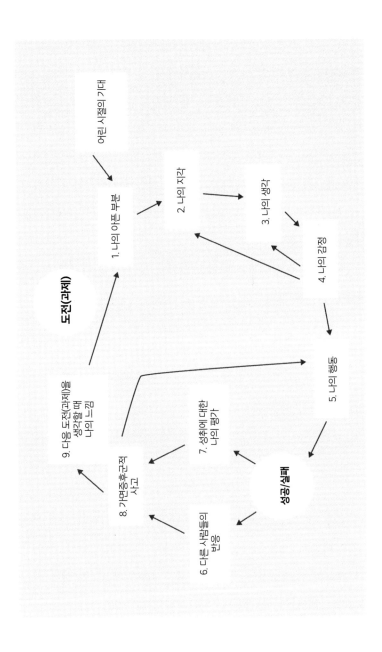

도전(과제)

1. 나의 아픈 부분

어린 시절의 기대

2. 나의 지각

3. 나의 생각

4. 나의 감정

5. 나의 행동

성공/실패

6. 다른 사람들의 반응

7. 성취에 대한 나의 평가

8. 가면증후군적 사고

9. 다음 도전(과제)을 생각할 때 나의 느낌

자 했는가? 종종 사람들은 이런 내용을 떠올리려 하지 않는다. 그런 요인들은 우리 안 깊숙이 심겨있어서, 전혀 의식되지 않을 때가 많다. 따라서 스스로 대답할 수 없다면, 한번 반대 방향으로 해보라. 현재 어떤 도전이 당신에게 특히나 두렵게 다가오는가? 왜 이런 일이 당신을 그리도 불안하게 하는가? 다른 사람들이 당신에게 어떤 기대를 한다고 생각하는가? 어린 시절에도 비슷한 기대가 주어졌는가? 이런 방식으로 오늘날에도 여전히 당신 삶을 힘들게 만드는 아픈 부분을 발견할 수 있다.

어린 시절에 형성된 오래된 패턴과 인상이 당신 안에서 어떻게 활동하는지를 한번 이해하고 나면, 그것들과 거리를 두는 것이 한결 수월해진다. 지금 당신은 오래전 그 시절의 아이가 아니고, 당신의 상사는 엄마 아빠와 조금도 관계가 없기 때문이다.

1번 칸에 어린 시절 아팠던 부분을 적어넣자. 현재형을 사용해 진술해 보라. 마를라는 이렇게 적었다. "다른 사람들을 실망케 하지 않으려면 나는 늘 완벽한 성과를 내야 한다. 그런데 그렇게 할 수 없다."

아픈 부분으로 인해 당신의 지각이 어떻게 변화되었는지 생각해 보라. 우리의 관심은 필요와 불안에 의해 조절된다는 걸 명심하자. 따라서 이렇게 자문하자. 기억에 가장 많이 남는 것은 무엇인가? 자동적으로 관심을 갖게 되는 것은 무엇인가? 다른 모든 이들보다 나아야 한다고 여기면, 자신의 실수 및 다른 사람의 성과가 먼저 눈에 들어온다. 모두의 기대에 부응하려 노력하다 보면, 다른 사람이 약간 찡그린 표정을 짓거나 실망하거나 의아해하는 기미만 보여도 민감해진다. 그러므로 당신의 지각이 어떤 요소에 민감해져 있는지 생각해 보고 이를 **2번 칸**에 적자. 마를라는 이렇게 적었다. "얼굴이 빨개지고 떨리는 것. 횡설수설하는 것, 말을 더듬는 것, 작은 실수들, 모르는 내용이 드러나는 것."

자신의 실수를 확대해서 지각하고, 다른 사람의 실수는 있는 그대로 혹은 더 축소해 지각하면, 그로 인한 왜곡이 우리의 생각에 영향을 미칠 수밖에 없다. 그러므로 (1번 칸에 적은 아픈 부분과 관련해) 자신의 능력에 대해 어떤 생각을 하는지 자문해 보자. 그러고는 **3번 칸**에 자신의 능력에 대한 스스로의 평가를 적어보자. 마를라는 이렇게 썼다. "나는 그렇게 똑똑하지 않다. 내 프레젠테이션은 어쭙잖고 전문성이 없다. 한마디로 말해 나는 못하겠다. 아무리 노력해도 멍청한 실수들을 저지른다."

생각은 감정을 조절한다. 지금 앞둔 과제를 생각하며, 3번 칸에 적은 당신의 생각을 읽어보면 어떤 느낌과 감정이 생겨나는가? 이런 감정을 **4번 칸**에 적자. 마를라는 이렇게 썼다. "무력감, 좌절, 무능. 수치 당하지 않을까 하는 두려움." 감정들은 피드백 회로에서처럼 생각과 지각을 강화한다. 수치 당할까 하는 불안이 체념과 뒤섞여 마를라는 자신의 무능을 더욱 확신하게 만드는 신호를 우선 지각한다. 이런 자기 강화 메커니즘은 누구에게나 있다. 위험한 느낌이 많을수록, 위험 신호에 더 주목하게 된다. 수치심과 죄책감이 강할수록 스스로 더 무능하다고 확신한다.

생각과 감정은 상응하는 행동을 불러일으킨다. 그런 생각과 감정에 사로잡혀 허우적거리면서도 맡겨진 과제를 감당하기 위해 당신은 어떤 전략을 개발했는가? 다람쥐처럼 맹목적인 행동주의로 미리미리 행동하고 과도하게 반응하는 오버두어Over-Doer에 속하는가, 토끼처럼 얼어붙은 채 뱀을 응시하는 언더두어Under-Doer에 속하는가? 지난번 도전에 어떻게 대처했는지, 사전에 어떻게 행동했는지 잘 생각해 보자. 이런 행동을 **5번 칸**에 적어넣는다. 마를라는 꼼꼼히 준비하는 사람 축에 든다. 따라서 그녀는 그 칸에 이렇게 썼다. "나는 멍청이처럼 우두커니 서 있지 않기 위해 많은 시간을 들여 배경지식을 습득하고, 양질의 프레젠테이션을 만드는 데 많은 시간을 들인다. 세부적인 사항까지 모두 맞아 떨어져야 한다. 강연원고를 외우고, 거울 앞에서 몇 번 예행연습을 한다."

지난번에 맡았던 일을 생각해 보자. 다른 사람들의 어떤 반응이 기억에 남아있나? 이를 **6번 칸**에 적어보자. 마를라는 이렇게 썼다. "박수갈채. 칭찬. 나의 동료는 나더러 주제를 이해하기 쉽게 참 잘 준비한 것 같다고 말했다."

다른 사람들의 평가는 당신 자신의 평가와 늘 일치하지는 않는다. 당신은 자신의 성과를 어떻게 평가했는가? 그 생각을 **7번 칸**에 적으라. 마를라는 이렇게 썼다. "평균 수준. 여전히 실수투성이였다. 횡설수설 두서없이 말하고 설명을 제대로 못 한 것도 많았다. 질문에 자신감 있게 대처하지 못하고 말을 더듬기 시작했다."

이제 자신의 지각과 다른 사람의 지각을 비교해보자. 6번 칸에 적힌 말과 7번 칸에 적힌 말이 서로 차이가 큰 경우 가면증후군 특유의 사고가 강화되기 쉽다. 마를라 역시 자기 평가와 타인의 평가가 서로 대조적임을 확인했다. 자신의 성취를 평균 수준에다 흠이 많은 것으로 지각했기에 타인의 칭찬과 갈채를 받아들이지 못하고, 오히려 그로 인해 마음이 불편해졌다.

자신의 평가와 피드백으로 받은 타인의 평가가 완전히 다르면 자연히 그 이유를 찾게 된다. 주변의 반응을 지각할 때 당신 머릿속에 스치는 생각을 8번 칸에 적는다. 당신은 긍정적인 피드백을 어떻게 설명하는가? 우연이나 동정심, 운이 작용한 걸까, 아니면 전혀 다른 이유가 있는 걸까? 마를라는 이런 결론을 내렸다. "나는 긍정적인 피드백을 들으면 부끄럽다. 그런 칭찬을 받을 자격이 없다는 느낌이 든다. 정말 많은 시간을 들였기에 이만큼이라도 성과를 낸 것이다. 사람들이 내가 얼마나 많이 준비했는지를 안다면, 고개를 절레절레 저을 것이다."

당신 머릿속에 어떤 두려움이나 평가가 일어나는가? 이런 것들은 종종 자신에 대한 나쁜 평가를 강화하고, 미래 전략에도 영향을 미친다. 마를라처럼 성공을 너무나 많은 시간을 들여 준비한 까닭으로 돌리면, 다음번에도 그와 비슷하게 시간을 들일 것이다.

심지어 더 많은 시간을 들일지도 모른다. 이것만이 실패를 피할 유일한 길이라고 믿기 때문이다. 반면 성공을 타인의 호의 덕으로 설명하면, 자칫 경솔하게 행동하다 인심을 잃어버리는 일이 없도록, 그들의 비위를 맞추려 더욱 노력하게 된다.

이렇게 해서 피드백으로 서로 연결되는 악순환의 고리가 완벽하게 마련된다. 그러므로 곧 다가올 도전을 생각할 때 어떤 감정이 일어나는지를 마지막 남은 **9번 칸**에 적어보자. 다음 도전 역시 다시금 이런 악순환을 거칠 것이다. 이처럼 어떤 생각과 감정들이 당신의 일과 연결되는지를 시각화해보면, 개인적인 가면증후군 악순환의 면모를 한눈에 파악할 수 있다. 마를라는 어떠했던가? 그녀는 진작부터 다음 프레젠테이션을 걱정하고, 그걸 준비할 생각만으로도 부담스러워 죽을 지경이었다. 그리하여 악순환의 고리가 이어지고, 그녀의 행동은 한 번씩 고리를 돌 때마다 조금씩 더 정상 궤도를 벗어난다.

자, 당신의 악순환 고리를 찬찬히 살펴보자. 매 걸음이 자동적으로 다음 걸음으로 이어지고 있었다. 그 중간중간 가면증후군 회로에서 압력을 점점 더 높이는 여러 교차연결도 있다. 그러므로 지금까지 여기서 헤어 나지 못한 것도 놀라운 일이 아니다.

하지만 낙담하지 말자. 악순환에도 긍정적인 면이 있다. 모든 걸음이 다음 걸음으로 이어지긴 하지만, 동시에 어느 단계든 상관

없이 아무 데서나 시작할 수 있다는 장점을 지닌다. 생각, 감정, 태도를 변화시키면서, 즉 의식적으로 평소와 다르게 반응하면서, 악순환을 끊어버릴 수 있다.

지각이 긍정적인 측면이나 자신의 강점으로 향하게 되면 스스로를 더 긍정적으로 생각할 수 있다. 자기에 대해 긍정적으로 생각할수록, 다음 도전 앞에서 자신감을 가질 수 있다. 자신감이 커지면 과제를 준비하기가 한결 수월해지고 칭찬도 더 편하게 받아들일 수 있다. 주변의 피드백을 있는 그대로 받아들일수록, 스스로 능력 있는 사람이라는 걸 확신할 가능성이 커진다.

다음 부분에서 나는 매 단계 어떤 방법으로 행동을 변화시킬 수 있는지 설명할 것이다. 이제부터 소개하는 방법을 밟으며 악순환을 끝낼 수 있다. 그 전에 먼저 당신 스스로의 악순환 회로를 작성하고, 이로부터 첫 인식(깨달음)과 해결책을 이끌어 내보자.

자기성찰 :
나의 악순환으로부터 무엇을 배울까?

▶ 악순환 회로가 내게 맞게 작성된 것 같은가?
▶ 여기서 나를 위해 어떤 인식을 얻을 수 있을까?
▶ 각 부분을 보면서, 어떤 단계에서 시작하는 게 가장 좋다고 생각했는가?
▶ 악순환에서 벗어나기 위해 어떤 전략으로 나아갈 수 있을까?

PART 2

미로에서
벗어나기

자, 나와 함께 길을 나서며 한 걸음 한 걸음 내면의 일그러진 거울과 이별할 준비가 되었는가?

1부에서 살펴본 것처럼, 당신은 여러 부분에서 시작할 수 있다. 다만 한 가지만 바꾸는 것으로는 충분하지 않다. 작은 변화가 아주 커다란 영향력을 발휘하기도 하지만, 본인이 무능한 사람이라는 기본 확신을 교정하지 않는 한, 늦든 빠르든 다시 거울 미로에서 길을 잃게 될 것이다.

내면의 일그러진 거울이 어떻게 구성되어 있는지 당신은 기억할 것이다. 각 층이 다음 층에 영향을 주고, 이 모든 층이 합쳐져서 사기꾼 현상의 전모에 이른다. 따라서 자기 의심과 실패에 대한 두려움을 뒤로하고 싶다면 한 층 한 층 제거해 나가야 한다. 다시 말해 모든 부분에서 조금씩 바꾸어야 한다. 지각, 생각, 감정, 행동, 무엇보다 어린 시절부터 질질 끌고 다닌 고정관념을. 그러다 보면 매 걸음 자기 이미지의 일그러짐이 조금씩 줄어들고, 자신이 무능하다는 확신이 차츰차츰 무너질 것이다.

당신이 열정적으로 뛰어들기 전에, 나는 약간의 제동을 걸어 당신이 실망하지 않게 하고 싶다. 성공은 하루아침에 오지 않는다. 내면의 일그러진 거울을 없애고자 한다면 인내와 참을성이 필요하다. 비유하자면 땅에 씨를 뿌리는 것과 비슷하다. 씨를 뿌린 직후에는 싹이 터서 자랄지 알지 못한다. 씨앗이 심긴 주변의 땅도 처음에는 변한 것이 없어 보인다. 노력이 보람 있는 결과로 이어진다는 보장이 없는 채로, 물과 거름을 규칙적으로 주어야 한다. 종종 몇 주가 지나야 비로소, 땅을 뚫고 올라오는 작은 싹을 만날 수 있다. 그리고 나면 매일 성장을 관찰할 수 있고 진보하는 보람을 맛보게 된다.

행동 변화도 마찬가지다. 어떻게 될 것인지 예상하며 씨를 뿌리지만 그 씨앗이 싹을 틔워 효과를 거둘 것인지 아직 확신하지 못한다. 그렇더라도 매일 작은 변화의 씨앗을 돌보아야 한다. 그것은 힘들고, 적잖은 신뢰를 요구한다. 그러다 보니 많은 이들은 지레 포기하고 체념해 버린다. 진보가 전혀 느껴지지 않으면 "이런 시도도 소용이 없구나." 하면서 다시금 옛 패턴에 따라 살아가기 시작한다. 며칠만 더 견디었더라면, 작은 변화의 싹이 표면을 뚫고 나오는 것을 볼 수 있었을 텐데 말이다.

그러므로 당부하건대 너무 섣불리 포기하지 말아야 한다! 새로운 행동 양식을 시도하고 적어도 몇 주(때로는 심지어 몇 달)가 지나야 삶과 생각의 첫 변화들이 감지되기 시작한다. 일단 변화가 감지되면 밀고 나가기가 더 수월해진다. 따라서 믿고 인내하며 씨앗의 싹을 틔우는 데 필요한 시간을 허락하라.

자 이제 시작이다. 첫 번째 거울 층을 해체해 지각을 변화시키는 일을 시작해 보자.

5장

지각을 연마하기

강 표면이 햇살을 받아 반짝인다. 마를라는 강물에 담근 발을 살살 움직이며, 햇빛에 반짝이는 작은 물결들을 바라본다. 마를라의 머릿속은 여전히 어지럽다. 잘 지냈느냐는 친구의 물음에 솔직하게 대답해야 할까, 아니면 또다시 그냥 대충 얼버무려야 할까? 솔직하게 말하기가 꺼려진다. 친구는 같은 회사에 다니고 있어서, 잘못 대답했다가는 자신에 대해 나쁜 이미지를 갖게 될 수도 있기 때문이다. 하지만 심리학자는 불안을 더는 숨기지 말고, 누군가에게 털어놓으라고 권했지 않은가. 마를라는 용기를 낸다.

"요즘 회사에서 잘 지내는 거 같지 않아."라고 운을 뗀다. "중요한 일을 맡아서 엄청 스트레스를 받고 완전히 망쳐 버릴까 봐 걱정돼." "헐, 진심이야?" 친구가 눈을 휘둥그레 뜨고 쳐다보는 바람에 마를라는 공연히 솔직하게 말한 건 아닌지 후회가 몰려오기 시작한다. "네가? 넌 엄청 잘하고 있잖아! 난 종종 네가 부러워. 모든 걸 야무지게 잘 처리하잖아. 로베르트 같은 사람이 딴지를 걸어도 아주 침착하게 잘 대처하고 말이야." 이제는 마를라가 놀라서 눈이 휘둥그레진다. "내가 잘하고 있다고? 난 내가 정말 말도 안 되는 답변을, 그것도 말까지 더듬어가면서 한 것 같은데. 로베르트의 말이 훨씬 설득력이 있었어." 마를라가 그렇게 말하자 친구가 웃는다. "너 눈이 삔 거 아냐? 그 잘난 체하는 작자가 드디어 슬그머니 꼬리를 내리니까 둘러앉은 사람들이 다들 싱긋 웃던 거 못 봤어? 그 뒤 로베르트는 얼굴이 벌게져서 나머지 시간은 쥐죽은 듯이 있었잖아. 몰랐단 말이야? 넌 정말 대단했어, 마를라!"

마를라의 얼굴이 달아오르고 가슴이 뛴다. 드디어 자기 마음을 솔직히 털어놓았다는 사실이 흥분되고 친구의 말이 기쁘지만, 한편으로는 여전히 불안하다. 정말로 자신이 로베르트의 콧대를 꺾어놓았던 것일까? 그런데 왜 스스로는 그걸 깨닫지 못했을까? 아마 친구의 말이 맞을 것이다. 마를라는 자기가 한 일에 관한 한 정말로 눈이 삔 상태로 살았던 것 같다.

자신에게서는 늘 약점과 잘못한 것만 지각하고, 다른 사람에게서는 그들이 잘한 것만 본다면, 어쩔 수 없이 자신이 남보다 못하다는 결론에 이를 수밖에 없다. 2장에서 우리는 지각이 왜곡될 경우, 어떤 정보를 처리하고 어떤 정보를 간과해 버릴지 아주 자연스럽

게 선별한다는 것을 살펴보았다. 이런 선별 과정은 무의식적으로 일어난다. 하지만 그것을 의식적으로 조절하는 법을 배울 수 있다. 약간의 연습만으로도 자신이 잘한 일과 강점을 지각하고, 다른 사람들이 한 일을 보다 현실적으로 평가할 수 있게 된다.

주목하지 않으려고 애쓰는 건 효과가 없다

내가 오랫동안 근무했던 심신상관 클리닉(정신신체의학 클리닉)의 한 세미나실에 들어가면 늘 낮게 웅웅거리는 배경소음이 들렸다. 아무리 듣지 않으려 해도 외면할 수 없는 소리였다. 나는 이런 상황을 활용해 환자들에게 우리의 지각을 어떻게 조절할 수 있을지 설명하곤 했다. 나는 그들에게 다음과 같은 과제를 내주었다. "자, 지금부터 3분간 웅웅 대는 소음을 머릿속에서 완전히 몰아내려고 해보세요." 이어 나는 말 없이 집중하는 얼굴들을 바라보았다. 많은 이들은 눈을 감고 이맛살을 찌푸렸다. 3분이 흐른 뒤 사람들에게 배경소음을 없앨 수 있었느냐고 물었다. 그러면 대부분이 고개를 절레절레 저으며, 배경소음을 사라지게 할 수 없었노라고 대답했다. 오히려 더 크게 들렸노라고 말이다.

이것은 아주 자연스러운 현상이다. 나는 사람들에게 이런 노력이 왜 거의 실패로 돌아가는지를 설명했다. 뭔가를 보거나 듣지 않으려 할수록, 우리는 거기에 더 주의를 기울이게 된다고 말이다. 설명을 마치고 질문을 주고받은 뒤 마지막에 다시 물었다. "자, 제가 설명하고 질문하는 동안에는 배경소음이 어떻게 들렸어요?" 그러면 사람들은 그사이에 배경소음을 감지하지 못했다며 미소를 지었다. 배경소음이 아닌 내 설명에 주의를 기울였기 때문이다.

 알아둘 것: 실수와 약점을 확대해서 보지 않으려 할 때, 그것들에 주의를 기울이지 않으려 애쓰는 것은 아무 소용이 없다. 그렇게 할수록 우리는 그 문제에 더 주목하기 때문이다.

당신은 오랫동안 자신에게서 불안한 모습을 찾도록 지각을 훈련해왔다. 당신의 실수탐지기는 성능 좋은 정밀 기계처럼 당신이 조금이라도 떨거나, 불확실하게 표현하거나, 하찮은 실수를 하는지를 곧장 감지한다. 탐지기의 전원은 쉽게 끌 수 없다. 약점에 집중하지 않으려고 발버둥치면, 모자란 부분들이 더욱 크게 들어온다. 나의 환자들이 배경소음을 안 들으려고 할 때와 마찬가지다. 하지만 내면의 탐지기를 재프로그래밍해 오늘부터 강점에 더 주목하게 할 수 있다. 이런 노력을 하다 보면, 실수와 약점이 저절로 사라지지는 않더라도 그것들은 대부분 의미를 잃는다.

올리버는 자신에게 엄격하고, 모든 약점을 곧바로 감지하는 축에 속한다. 어린 시절부터 지각을 이 방향으로 훈련해왔기에 그 지각을 쉽게 끊을 수 없다. 질문에 제대로 대답하지 못하거나 과민하게 반응을 하면, 그 일이 곧장 아프게 다가온다. 그러나 이제부터 자기가 동료들을 도와주었던 그 모든 순간, 팀에 제안했던 좋은 해결책들, 잘 감당해냈던 일들을 감지하기 시작해서 그것들을 부족함에 맞세우면, 자신이 망친 일보다 잘한 일이 훨씬 많다는 걸 의식하게 될 것이다. 당신도 올리버처럼 해야 한다.

연습 1: 매일매일 나를 칭찬해 주기

자신의 장점을 인정하고 존중하는 건 그리 쉽지 않다. 많은 이들은 "거만은 패망의 지름길"이라거나 "자화자찬은 역겹다"는 소리를 들으며 자랐다. 그리하여 우리는 겸손이 커다란 미덕이며, 자신이 한 일을 가지고 뻐기면 안 된다(최소한 공식적인 자리에서 그러면 안 된다)는 생각을 내면화했다. 허풍쟁이라는 소리를 듣고 싶은 사람은 없다. 그렇기에 우리는 수십 년간 주로 약점에 집중하고, 스스로 성취한 일에 대해서는 시선을 잘 주지 않도록 훈련이 되었다.

따라서 당신은 먼저 자신의 성취를 알아채고 그것을 자랑스러워하는 법을 차근차근 배워야 한다. 피아노를 칠 때 정기적으로 연습을 해야 잘 칠 수 있는 것처럼, 지각의 변화도 시간이 걸리며 꾸준한 연습이 필요하다.

일주일 동안 매일 저녁 그날 잘한 일들을 적어보자. 힘들었지만 잘 해낸 모든 성취를 적어보자. 그밖에 자랑스러워할 수 있는 일이 무엇인지 생각해 보자. 다음 두 페이지에 마련된 칸들에 자신의 강점과 잘한 일들을 적어보라. 나의 웹사이트에도 이런 자료들을 올려놓았다. 필요하면 거기서 다운로드받아 출력해서 사용하면 되므로, 이런 연습을 여러 번 시행해도 좋다. 자료는 www.coaching-azur.de/downloads에서 찾을 수 있다.

처음에는 많은 것이 떠오르지 않는다 해도 포기하지 말자. 저녁이 되어 돌아보니 긍정적으로 평가할 수 있는 유일한 일이 이날 어찌어찌 살아남은 것일 수도 있다. 바로 그것을 적으면 된다! 한 일들이 있긴 한데 칭찬받기에는 너무 하찮아 보인다 해도 상관없다. 그런 작은 일들을 적자. 어딘가에서 우리는 시작해야 한다. 긍정적인 면들을 감지하는 훈련이 안 되어 있으므로, 처음에 떠오르는 생각은 시답잖은 것일 수도 있다. 흡사 별로 한 게 없음을 스스로 확인하려는 것처럼 말이다. 그러나 시간이 흐르면 변화가 느껴질 것이다. 연습을 오래 하면서 잘한 점들을 꼼꼼히 찾을수록, 더 많은 것들이 떠오르고, 무엇보다 그런 것들이 눈에 더 잘 띄게 된다.

 알아둘 것: 지각은 연마할 수 있다. 강점에 초점을 맞출수록, 그것들을 깨닫기가 더 쉽다. 연습을 반복하다 보면 굳이 주목하지 않아도 자신의 강점이 눈에 잘 띌 것이다. 다만 규칙적으로 연습해야 한다.

실전 연습 1:
강점으로 가득한 한 주

이 연습은 자신의 긍정적인 면을 더 잘 지각할 수 있도록 도와준다. 자랑스러워할 수 있는 것을 매일 최소한 세 가지씩 적어보자.

월요일

화요일

수요일

목요일

금요일

토요일

일요일

연습을 반복해 나가다 보면 지각이 변화하고, 하루를 보내는 중간중간에도 기록할 만한 상황이 더 자주 눈에 띈다. 차츰차츰 내면의 탐색기가 그런 사건들을 민감하게 지각하도록 프로그래밍되기 때문이다. 몇 주 전만 해도 작은 성공이나 성취, 긍정적인 피드백은 언급할 가치가 없는 것들이어서 첫 거울 층을 통과하지 못했다. 그러나 주의를 기울이면 나만의 강점을 점점 더 많이 지각할 수 있고, 이런 사건들로 노트가 가득 찰 것이다. 시험해 보라!

또 하나의 팁: 연습을 시작할 때 아무리 노력해도 잘한 점도 강점도 떠오르지 않는다면, 주변 사람들에게 의견을 구해보자. 대부분의 경우, 긍정적인 면들은 자기보다 다른 사람의 눈에 더 잘 띈다. 마를라의 친구가 스스로는 인지하지 못하던 디테일한 부분들을 알아챘듯이 말이다. 최소한 첫 며칠간은 남들의 시선이 당신에게 도움이 될 수 있다. 그러다 보면 저절로 자신의 강점을 스스로 알아채는 순간이 온다.

이런 지각 연습을 최소 일주일간 실행하자. 강점 수집을 매일 밤 리추얼로서 실행하면 더 좋다. 한번 루틴으로 자리 잡으면, 단 몇 분 안에 끝낼 수 있는 일이 된다. 반면 이를 통해 얻는 효과는 엄청나다. 강점과 약점을 현실적으로 평가하다 보면, 전반적으로 자신을 더 신뢰하게 되고, 가면증후군적 생각을 무력화시키기도 쉬워질 것이다.

자신을 속이는 것이 아닐까,
교만해지는 것이 아닐까 두려워하지 말라

이런 과제를 내어주면 종종 이의가 제기된다. "하지만 그렇게 하면 스스로를 속이고 과대평가하는 게 되잖아요."

그렇지 않다. 지금까지 주목하지 않았던 실상을 그저 지각할 따름이다. 따라서 자신을 속이는 것이 전혀 아니다. 오히려 연습을 통해 일그러져 있던 내면의 거울을 조금씩 조금씩 바로잡을 수 있다. 이전에는 내면의 거울이 약점과 실수만 뇌로 전달하고 강점은 무시해버렸잖은가? 이것이야말로 자기기만이다. 지각을 훈련함으로써 좀더 현실적인 자아상을 가질 수 있고, 자기 평가에서 본질적인 면이 빠지지 않은 상태로 변모한다.

그럼에도 이러다가 교만해지는 것이 아닐까 두려워하는 마음은 백분 이해한다. '더닝 크루거 효과Dunning-Kruger Effect'에 대해 들어본 적이 있을지 모른다. 말하자면 가면증후군의 반대라고 할 수 있는 말이다. 더닝 크루거 효과는 주변 사람들의 성취나 능력은 과소평가하고 자신의 능력은 과대평가하는 것을 말한다. 따라서 방향이 반대일 뿐, 그 역시 지각의 왜곡인 것이다. 당신 역시 더닝 크루거 효과에 의거해 행동하는 사람들을 알고 있을 것이다. 정치계나 고위직에서 이런 사람들을 흔히 만날 수 있다. 거들먹거리는 것은 그들의 주특기이다.

직업적 위계질서에서 높이 올라갈수록, 자신감이 넘치다 못해 스스로를 과대평가하는 사람들을 만날 확률이 더 높아진다. 따라서 당신이 스스로를 자랑스러워하는 일에 거부감을 느끼고, 내가 이래도 되나 하는 생각이 드는 것도 놀랄 일이 아니다.

하지만 당신의 지각이 순식간에 다른 극단으로 치우쳐서 자신은 높이 평가하고 다른 사람들은 끌어내릴 일은 없을 테니 걱정하지 마시라. 강점에 집중하는 사이 내면의 일그러진 거울에서 힘을 빼버릴 수 있지만, 그렇다고 새로운 거울을 만들어내는 것은 아니다. 더닝 크루거 효과 같은 현상이 일어날까 두려워하는 마음이 당신을 보호해 과대평가하는 일을 막아줄 것이다.

자신의 능력에 약간 더 주목하고 그 지각을 기록한다고 해서 당신이 "잘난 체하는 재수탱이"가 되는 것은 아니다. 계속해서 당신을 축소하는 거울을 통해 스스로를 지각해온 사람이 올바른 거울 앞에 섰을 때, 너무도 거대하게 보이는 자신이 낯설 수도 있다. 하지만 그것이 정상적인 크기다. 새롭게 자기를 속이는 게 아니라, 속임이 끝나는 것이다.

 알아둘 것: 자기 자신을 현실적으로 보는 것은 결코 스스로를 과대평가하는 게 아니다. 처음엔 그런 느낌이 들지라도 말이다.

자신이 무능력하다는 잘못된 확신을 점차 없애기 위해 강점을 수집하기 시작할 때, 현재만으로 국한해서는 안 된다. 과거도 고려해야 한다.

지금까지의 삶을 돌아보면 무엇보다 잘못된 결정, 잘못된 선택, 실패, 이루지 못한 꿈들이 생각날 것이다. 당신이 어릴 적부터 부정적인 것만 기억하도록 훈련했기 때문이다. 여기서도 당신의 지각과 기억은 당신을 속여왔다. 의식하지 못했지만, 당신은 살아오면서 이미 많은 것들을 성취했다.

10장에서는 당신의 인생 이야기를 다른 시각으로 보는 연습을 하게 될 것이다. 이런 작업은 자신이 무능하다는 확신을 드디어 최종적으로 던져 버릴 수 있도록 도와준다. 일단 지금은 작은 예행연습을 먼저 하려 한다. 이 연습은 삶의 여정을 더 긍정적인 시선으로 볼 수 있게 돕고, 우리가 이미 어떤 어려움들을 성공적으로 극복했는지를 분명히 보여줄 것이다. 지금까지의 성공을 명확하게 보게 될수록, 이런 정보들이 안으로 스며들어 차츰차츰 "나는 모자란 사람이야. 조만간 나의 무능이 들통나 버릴 거야."라는 생각이 무너진다.

자, 마음속으로 진정한 도전에 임할 준비를 하자.

연습 2: 나의 100가지 성공

제목만 보고도 이 연습을 어떻게 통과할지 속으로 가슴이 덜컥 내려앉았을지 모른다. 그렇다. 이번 연습은 인생에서 이미 달성한 100개 이상의 성공을 기록하는 것이다. 부끄러움을 감수하며 20

개, 많게는 40개 정도야 쓸 수 있겠지만 어떻게 100개를 채울 수 있을까 걱정한다면, 어린 시절에 어떤 도전들을 성공적으로 해냈는지를 떠올려 보라. 말하기, 걷기, 자전거 타기, 수영, 읽기, 쓰기, 계산하기를 배웠을 것이다. 아주 오래전에 해낸 것일지라도 이런 성취들을 잊지 말자.

마찬가지로 힘든 상황(학교에서 왕따를 당했다든지, 가족 간에 불화가 있었다든지, 부모가 이혼했다든지, 이사를 했다든지)을 견뎌야 했을 수도 있다. 상이나 표창장을 받았을지도 모른다. 당신이 보기에는 그저 더 잘하라는 격려의 차원에서 주어진 것이라 해도 말이다. 어떤 시험에 합격했을 것이고, 첫사랑이나 실연, 장기 연애처럼 감정 소모가 많은 일도 잘 감당해냈을 것이다. 이 모든 건 굉장한 스트레스를 요구하는 일들이었고, 자칫 상처를 받거나 좌절할 수도 있는 상황이었다.

이처럼 성장하고 성인이 되는 긴 시간 동안 당신은 많은 어려움을 극복했다. 이 모든 경험을 고려하다 보면, 100개보다 훨씬 많은 성공을 떠올릴 수 있을 것이다.

다음 페이지에 주어지는 실전연습 2 노트에 당신이 이룬 일들을 적어보자. 시간을 들여 이 과제를 완성해 보자. 하루아침에 100개를 냉큼 기록할 필요는 없다. 매일 조금씩 더 보완해 나가면 된다. 가족들에게 당신이 어렸을 적 어떤 중요한 삶의 사건들을 겪었는지 물어보자. 집안 어느 구석에 보관했던 옛날 일기장이나, 상장,

성적표 같은 것을 찾아보고 어린 시절과 학창 시절의 앨범들을 뒤적여 그때의 사진들을 보자. 과거에 더 많은 관심을 가질수록 삶에서 이룬 성취가 더 많이 생각날 것이다.

100개의 성공에 도달하기까지 과거 탐색을 절대로 끝내지 말자. 나아가 나는 탐색을 끝내지 말고 계속하라고 당부하고 싶다. 나의 경험을 고백하자면, 내 성공 리스트는 그동안 100개를 훨씬 넘어섰으며, 앞으로 더 길어질 것이다.

 알아둘 것: 내적으로 성장하고 성숙하기 위해 우리 모두는 삶에서 어려운 상황을 극복해야 한다. 그러나 우리는 이런 걸음들을 전혀 의식하지 못하거나 당연하게 여기는 경우가 많다.

성공한 일 목록이 불어날수록 스스로 더 많은 변화를 관찰할 수 있을 것이다. 자신이 성공적으로 해낸 일들이 눈앞에 주욱 열거된 것을 보면, 만감이 교차할지 모른다. 머릿속에만 존재하는 앎은 눈앞에 분명하게 적혀 있는 기록의 무게를 지니지 못한다. 그리하여 능력이 충분하지 않다는 왜곡된 믿음은 눈앞의 성공 목록이 길어질수록 점점 맥을 못 추고, 다음 단계들을 거쳐 나가면서 당신은 변화할 것이다.

실전연습 2 :
나의 100가지 성공

1.
2.
3.
4.
5.
6.
7.
8.
9.
10.
11.
12.
13.
14.
15.

16. _____

17. _____

18. _____

19. _____

20. _____

21. _____

22. _____

23. _____

24. _____

25. _____

26. _____

27. _____

28. _____

29. _____

30. _____

31. _____

32. _____

33.

34.

35.

36.

37.

38.

39.

40.

41.

42.

43.

44.

45.

46.

47.

48.

49.

50.

51.

52.

53.

54.

55.

56.

57.

58.

59.

60.

61.

62.

63.

64.

65.

66.

67. _____

68. _____

69. _____

70. _____

71. _____

72. _____

73. _____

74. _____

75. _____

76. _____

77. _____

78. _____

79. _____

80. _____

81. _____

82. _____

83. _____

84.

85.

86.

87.

88.

89.

90.

91.

92.

93.

94.

95.

96.

97.

98.

99.

100.

이런 연습은 또 다른 사실을 깨닫게 해준다. 당신은 이 연습을 통해 능력이 고정된 것이 아니라는 사실을 알게 된다. 능력은 지니고 있거나 없는 그 무엇이 아니다. 사람은 계속해서 발전하며, 그 과정에서 능력은 차츰차츰 자라난다. 지금은 불가능해 보이는 것이 몇 년 지나면 아주 당연한 것이 된다. 일곱 살짜리 아이였을 때 당신이 쓸 수 있는 단어는 고작 몇 개뿐이었고, 책 한 권을 읽는 건 그야말로 대단한 일이었다. 하지만 지금은 철자가 잘못 쓰인 문장들조차 쓱 보고 내용을 파악하며, 재미있는 책은 몇 시간 만에 후딱 읽어버린다.

이 모든 현실은 아이였을 때는 상상도 못 하던 것들이다. 당신은 지금도 계속해서 발전하고 있다. 지금은 많이 힘든 일도 계속하다 보면 어느 순간 루틴이 되어 힘들이지 않고 해낼 수 있는 날이 올 것이다. 그러니 100가지 성공 목록을 하나하나 훑어가면서 어렸을 때는 불가능해 보였지만 지금은 아주 쉽게 할 수 있는 일들을 각별하게 돌아보자.

반대 증거들을 모으자

우리 모두는 자기 생각을 확인받으려는 경향이 있다. 그래서 일단 어떤 의견을 굳히고 나면, 그 시각과 맞아떨어지는 것을 주로 보고 기억하게 된다. 가령 정치인들은 도무지 믿을 수 없는 인간들이라고 여긴다면, 뉴스에서도 정치인이 부정부패를 저지르고 잘못하는 예만 눈에 띌 뿐, 양심적이고 성실하게 일을 감당하는 정치인은 눈에 잘 들어오지 않는다.

우리의 뇌는 어느 정도 페이스북의 알고리즘처럼 작동한다. 뇌는 우리가 보고 싶고 듣고 싶은 것들을 적극적으로 제시해주는 대신, 무수한 다른 사실들은 그냥 누락시켜 버린다. 그런 자기 강화는 아주 유쾌한 것이지만, 지금까지 믿어왔던 통념을 없애려 할 때는 이 메커니즘이 장애가 된다. 뇌가 자신의 무능을 보여주는 예들을 자꾸 먼저 제시하는 판국에 스스로 그렇게 무능하지 않다는 걸 어떻게 배울 수가 있을까?

잘못된 자기 평가를 바로잡기 위해 우리는 적극적으로 그와 반대되는 증거들을 찾아야 한다. 처음에는 그런 증거들이 눈에 잘 띄지 않더라도 말이다. 첫 두 연습으로 당신은 이미 발걸음을 내디뎠고, 자신의 강점을 더 잘 지각하는 걸 훈련하는 중이다. 다른 사람들의 반응에도 주의를 기울이면 더욱더 좋을 것이다.

2장에서 우리는 각자 자신에게 위험이 될 수 있는 자극을 우선 처리한다는 사실을 확인했다. 그리하여 자신의 무능이 들통날까 봐 두려워하는 경우 별 의미 없는 것들을 민감하게 지각하고는, 사실 그것들이 자기와 전혀 관계가 없는데도 전전긍긍한다. 반면 위험하지 않은 자극들은 그냥 간과해 버린다.

마를라도 그랬다. 스스로 자신감 있게 대처하지 못할까 두려워하며 살던 마를라는 자기가 말을 더듬는 것과 목소리가 떨리는 것을 예민하게 알아챘다. 반면 동료들의 호응이나 청중의 동의하는 미소는 전혀 지각하지 못했다. 따라서 여태 간과한 자신의 장점들을 친구가 알려주었을 때 마를라는 적잖이 놀랐다. 이제 마를라는 의도적으로 주변에 주의를 기울여 지금까지와 반대되는 확인을 구할 수 있다. 나아가 주변 사람들이 자신을 호평한다는 사실을 점점 더 강하게 지각할 수 있을 것이다.

정신신체의학 분야에서 처음 일하기 시작했을 때 나는 잘 할 자신이 없었다. 그래서 속으로 내게 치료받는 환자들에게 미안한 마음을 가졌다. 그들이 나보다 유능한 의사에게 치료받으면 더 좋을 텐데 하고 말이다. 의식하지 못한 채, 내 무능을 보여주는 증거들을 많이 모아놓은 참이었다. 거식증 환자가 계속 살이 빠지면 그것을 내 잘못으로 돌렸다. 우울증 환자에게 자살 충동이 일어났을 때도 나 자신을 탓했다.

그러던 어느 순간 문제를 깨달은 나는 이 상황에 적극적으로 대처하자고 마음먹었다. 먼저 책상에 서랍 하나를 마련한 뒤 그것을 '강화 서랍'이라 이름 지었다. 그러고는 환자들이 치료를 마치면서 준 카드나 편지를 강화 서랍에 보관했다. 동료들이 건네준 짧은 감사 메모도 이곳에 집어넣었다. 차츰차츰 그 서랍이 빼곡해지고, 내가 그리 형편없는 사람이 아니라는 증거들이 많이 모였다. 그러고는 나 자신에 회의가 느껴질 때 한 번씩 시간을 내어 서랍을 열어 타인들이 내게 남긴 감사 편지를 읽었다. 이런 연습을 거쳐 내가 형편없는 치료사라는 그릇된 믿음을 차츰차츰 수정해 나갈 수 있었다.

당신도 많은 긍정적인 신호들을 주목하지 않은 채 간과해버렸을 것이다. 그러므로 이제 의도적으로 주변의 긍정적인 반응에 포커스를 맞추도록 하자.

연습 3: 내가 생각만큼 형편없는 인간은 아닌가 봐

이제 며칠간 의식적으로 주변 사람들에게 주목해보자. 자신이 실력 없고 무능하다는 기본 확신에 배치되는 증거들을 찾았는가? 어떤 증거들이 있는가? 무엇보다 미소를 짓거나 고개를 끄덕이는 등 비언어적 신호를 유의해서 살펴보자.

긍정적인 피드백을 수집하고 다른 사람들이 당신을 인정하는 발언을 하거나 당신에게 중요한 일을 맡기면, 이를 기록해두자. 이것이야말로 주변인들이 당신을 믿고 있다는 표시이다. 명심하라. 그들이 당신을 믿는 건 당신이 능란한 사기꾼이라서 속은 탓이 절대 아니다. 그들도 정직한 사람과 사기꾼을 구별해낼 수 있다.

실전연습 3 :
내가 생각만큼 형편없는 인간은 아닌가 봐.

이 연습은 당신의 기본 확신을 의심하도록 도와줄 것이다. 다른 사람들이 당신과 당신의 성취에 만족한다는 것을 보여주는 단서들을 매일 매일 최소한 세 가지씩 기록해 보자.

월요일

화요일

수요일

목요일

금요일

토요일

일요일

첫 연습에서처럼, 당신이 괜찮다는 걸 보여주는 증거를 매일 최소한 세 가지를 찾아 실전연습 3 노트에 기록해 보자. 이 연습을 통해 지각을 연마하면 긍정적인 자기 모습을 점점 더 많이 지각할 수 있다. 다음 장에서는 부정적인 자기비판을 의심해 볼 것이다. 그때까지 반대증거를 더 많이 모을수록, 기본 확신을 변화시키기가 수월해진다.

이번 장을 마치기 전에 다시 한번 결산해보자. 연습이 당신과 당신의 믿음에 어떤 영향을 미치는지, 어디에 내적인 장애물이 있으며 계속 밀고 나가기 위해 무엇을 할 수 있는지를 찾아보자.

자기 성찰 :
나의 포커스를 어떻게 변화시킬까?

▶ 강점과 잘한 일들을 수집하는 것이 적절하다고 느껴지는가?
▶ 그 과정에서 어떤 생각 혹은 믿음이 떠오르는가?
▶ 연습을 통해 나의 지각은 어떻게 변화하는가?
　 내적 확신에 미치는 어떤 영향을 관찰할 수 있는가?
▶ 어떻게 해야 지속적으로 지각을 연마하고, 그것을 루틴으로 만들 수 있을까?

6장 ─── 내면의 비판자에게
힘을 실어주지 마라

올리버는 공부를 제대로 안 하고 시험장에 온 학생처럼 의자에 앉아 안절부절못하며 바닥을 내려다본다. 마음이 무거워 보인다. "어땠어요? 지난번 과제가 어려웠나요?" 치료사가 그에게 묻는다.

치료사가 그런 질문으로 자연스럽게 운을 떼자 올리브가 술술 말을 한다. "네, 어려웠어요! 저는 제가 잘한 점들을 찾으려고 여러모로 애썼어요. 정말이에요! 몇 가지 적기도 했어요. 하지만 한 가지를 적으려 할 때마다 머릿속에서 내면의 목소리가 이런 하찮은 걸 정말로 쓰고 싶냐고 묻는 거예요. 속으로 이런 건 누구나 다 할 수 있는 일이라고 말하면서 모든 성공을 깎아내리기 바빴어요. 긍정적인 것을 발견하기 무섭게 나의 부정적인 것들이 더 많이 떠올랐어요. 난 도무지 재능이라곤 없는 사람인 것 같아요."

치료사는 올리버의 말을 들으며 씩 웃는다. "당신 내면의 비판자야말로 재능이 꽝이라고 말해야겠군요. 하지만 걱정하지 마세요. 가면증후군이 있는 사람들은 대개 당신과 같으니까요. 과제를 수행하기가 어려웠다는 당신의 이야기도 놀랍지 않습니다. 그러잖아도 오늘은 어떻게 하면 스스로에 대해 더 긍정적으로 생각할 수 있을지 상세히 이야기하려던 참이었거든요."

"부정적인 생각을 없애려 해도 소용이 없었어요. 그런 생각들이 너무나 강해서, 도저히 대항할 수가 없을 듯한 느낌이었어요." 올리버가 탄식한다. "그게 놀라워요?" 치료사가 묻는다. "지금까지 당신은 부정적인 사고 훈련을 훨씬 많이 해왔잖아요. 이미 수십 년 해오지 않았어요?" 올리버는 생각을 더듬는다. "네, 초등학교 때도 시험을 두려워하고, 모르는 게 나오면 나 자신을 질책했던 기억이 나요." "그렇죠? 부정적으로 생각하는 건 잘하잖아요. 이제부터는 긍정적으로 사고하는 걸 배워나가야 해요. 부정적인 사고에서 그랬듯이 부지런하고 성실하게 연습하면 돼요. 긍정적인 사고 훈련에서도 무엇보다 연습이 중요하니까요."

지난 장에서 당신도 올리버와 같은 형편이었을지 모른다. 자신이 잘한 일이나 강점을 별 것 아닌 일로 치부했을지 모른다. 가면증후군에서 이것은 아주 평범한 일이다. 자신이 무능하다는 믿음에서 하차하기 위해 강점에만 집중하는 것으로 충분하다면, 당신 스스로 이미 해결책에 이르렀을 수도 있다. 따라서 결정적인 것은 당

신이 무엇을 지각하느냐가 아니라, 관찰한 것을 어떻게 해석하는가이다. 그리하여 우리는 이제 두 번째 거울 층을 손보려고 한다. 당신의 생각과 평가 말이다.

확대경 아래 내면의 비판자

자신에 대해 부정적으로 생각하는 한, 가면증후군 감정을 떨쳐내지 못한다. 무엇을 얼마나 잘 했든, 당신은 이 모든 게 별 것 아니거나 자격이 없는데도 우연히 주어진 것이라고 설명할 테니까. 마치 계속해서 스스로를 끌어내리는 동반자가 있는 것처럼 말이다. 실수라도 하면 곧장 "어떻게 이렇게도 멍청할 수가 있지?" 하는 생각이 머릿속을 스친다. 일을 성공적으로 해냈을지라도 내면의 비판자는 만족하지 않는다. "하지만 더 훌륭하게 할 수 있었을 텐데!"라고 볼멘소리를 한다. 온종일 머릿속에 이 같은 자기비하적 발언이 맴돌면, 아무리 애써도 긍정적인 자아상이 만들어질 수 없다. 그뿐 아니라, 훨씬 더 불안한 마음으로 살아가게 된다. 계속해서 다른 사람들에게 실체가 들통날 것을 두려워하기 때문이다.

 알아둘 것: 생각을 멈출 수는 없다. 그러나 우리 생각을 다른 방향으로 바꿀 수는 있다.

부정적인 자기 대화를 중단시키는 것은 그리 쉬운 일이 아니다. 생각을 멈출 수가 없기 때문이다. 축구 시합을 중계하는 캐스터와 비슷하게 우리는 머릿속으로 일어나는 모든 일에 대해 논평하고, 지각되는 일에 대해 부리나케 결론을 내려 버린다. 게다가 이런 평가는 대부분 우리가 무능하고 잘하지 못한다는 것이다.

자기 평가는 보통 무의식적으로 일어난다. 스스로도 의식하지 못하는 가운데 평가하는 일에 익숙해져서, 우리는 그런 내면의 평가에 주목하지 않는다. 그럼에도 이 같은 평가는 우리 자아상에 굉장한 영향을 미친다. 자신의 성취가 늘 미흡하다고 생각한다면, 듣기 좋은 주변의 말을 믿으려 하지 않을 것이다. 칭찬을 받을 때마다 스스로를 깎아내리고, 타인의 호의를 받아들이지 않게 된다. 긍정적인 생각이 찾아들라 쳐도 내면의 비판자가 모든 실수를 열거하며 상대방이 속았다고, 더 나쁘게는 상대방을 속인 우리가 사기꾼이라고 목소리를 높인다면, 어떤 긍정적인 생각이 버텨낼 수 있겠는가?

이런 자기비판에 빗장을 채워야 한다. 그러나 일단은 반대로 해 볼 것을 권한다. 내면의 비판자 말을 우선 경청하라. 당신 머릿속에서 매일 같이 무슨 일이 일어나고 있는지를 알아야 하기 때문이다.

연습 4: 나의 자동적인 생각은? 무엇이 그 생각들을 유발하는가?

자, 나 자신을 위해 시간을 여유롭게 낼 수 있는 날을 하루 잡아서 연습을 해보자. 15분마다 한 번씩 나지막이 울리도록 타이머를 설정해 놓는다. 그러고는 타이머가 울릴 때마다 당신이 무슨 생각을 하고 있는지에 주목하라.

이런 생각을 죄다 실전연습 4의 왼쪽 칸에 적어넣자. "나는 일 생각을 하고 있다"라고 쓰는 대신 "나의 상사는 오늘 기분이 매우 안 좋아. 오늘 내게 과연 무슨 일이 기다리고 있을까?"라고, 구체적으로 적는다. 이를 통해 나중에 평가할 때 당신 머릿속을 스친 생각이 부정적인 면이었는지, 긍정적인 면이었는지 알 수 있다.

이 연습을 하다 보면 당신의 모든 생각이 자신을 중심으로 뱅글뱅글 돌지 않는다는 것을 확인할 수 있다. 당신은 종종 자신뿐 아니라, 주변 사람이나 경험들을 평가한다. 여기서도 당신에게 해가 되는 생각들이 있고(가령 주변 사람이나 세상의 부조리함에 대한 부정적인 생각들), 당신을 고무시키는 생각들이 있다(가령 미래에 대한 긍정적인 시선).

머리를 스치는 모든 생각을 기록한 후, 각 내용이 당신에게 유익할지 해가 될지를 잠시 판단해 보자. 오른쪽 칸에는 당신이 그런 생각을 할 때 어떻게 느낌을 받는지 가령 불안한지, 기쁜지, 화가 나는지 혹은 실망스러운지를 적어보자.

생각은 우리의 감정과 기분에 결정적인 영향을 미친다. 세상이 정말 아름답다고 되뇌면서 내일 어떤 즐거운 일이 기대되는지, 우리가 얼마나 사랑스러운 존재인지를 떠올리면 우리는 대체로 삶에

실전연습 4:
나의 자동적인 생각은?
무엇이 그 생각을 유발하는가

생각	감정

만족하게 된다. 반면 하기 싫은 일을 떠올리고, 지난 보고서에 실수를 범했으니 상사에게서 싫은 소리를 들을 거라고 중얼거리면 두렵고 불안하고 스트레스를 받은 상태로 하루를 시작하게 된다.

감정을 명명하고 기록하다 보면 생각과 감정 간 연관을 즉각 알아챌 수 있다. 나아가 어떤 생각들이 당신에게 좋은 영향을 미치고, 어떤 생각들이 당신을 우울하게 만드는지를 명확히 구분할 수 있다. 또 당신이 어떤 상황을 특히 부정적으로 평가하고, 어떤 상황에서 중립적이거나 긍정적으로 스스로를 대하는지도 확인할 수 있다. 누구에게든 스스로에 대해 회의를 느끼는 상황과 더 자신감을 느끼는 상황들이 따로 있기 때문이다.

그리하여 하루의 마지막에 이르면 생각과 감정의 목록이 꽤 길어질 것이다. 어떤 부정적인 생각들이 계속해서 (때로는 약간씩 변형되면서) 등장하는지 살펴보자. 이들에 대해서는 다음 단계에서 더 자세히 조명할 것이다.

부정적인 생각에는 의미가 있다

당신이 왜 그리 자신에게 가차 없는 잣대를 들이대는지 자문해 본 적 있는가? 그런 질문을 종종 했던 나는 이제 클리닉을 찾아오는 사람들에게도 묻곤 한다. 그러면 이런 대답들이 나온다.

▶ 늘 그래왔으니까.

▶ 어릴 때 그런 가르침을 받았기 때문에.

▶ 착각해서는 안 된다는 말을 늘 들어왔기 때문에.

▶ 나 자신을 과대평가할까 두려워서.

▶ 실망하는 일을 피하고 싶어서.

▶ 창피를 당하기 싫어서. 나 자신은 스스로 굉장히 긍정적으로 평가하는데, 다른 사람들은 그렇게 생각하지 않는다면 얼마나 창피한 일이에요?

▶ 실수를 저지르고 싶지 않아서.

▶ 절대로 아버지나 동료, 혹은 아무개처럼 되고 싶지 않아서.

▶ 자만하거나 거만한 사람이 되기 싫어서.

당신에게도 스스로에 대해 엄격한 이유가 있을 것이다. 자기비판을 하는 이유는 대부분 공격을 당하거나 실망하는 일이 없도록 스스로 보호하려 함이다. 우리는 수치를 당하거나 교만해질까 봐 두려워한다. 또 실수를 저지르면 다른 사람들이 우리를 무시하거나 비난할까 봐 두려워한다. 우리가 왜 늘 스스로를 나쁘게 이야기하는지(또는 나쁘게 생각하는지)를 알아야 비로소 그 동기를 캐묻고, 스스로 사고의 전환을 이룰 수 있다.

올리버는 치료사의 도움 덕에 자신의 강점을 애써 깎아내리는 이유가 자칫 스스로 방심하게 되지는 않을까 두려워서라는 걸 알아냈다. 자신이 충분히 잘한다고 생각하면 방심해서 주변의 요구에 더 이상 부응하지 못할 위험이 있다고 생각하는 거였다. 그의 가장 큰 두려움은 주변 사람들을 실망케 하는 것이었다. 그래서 주변의 필요와 바람을 미리미리 짐작해 그들의 기대를 충족시키려 애썼다. 더구나 주변의 기대를 채우려면 스스로 더 나아져야 한다는 걸 깊이 확신하기 때문에 그는 자아비판을 통해 끊임없이 스스로를 채찍질했다. "충분히 잘하려면 나는 더 능력을 키워야 한다." 나아가 "누구도 실망케 해서는 안 된다"는 두 가지 기본 확신이 내면의 비판자가 활개 치도록 만드는 동력이었다.

당신도 어떤 기본 확신이 계속해서 자아비판을 하게 만드는지 알아내야 한다. 그래야 비로소 그 확신들을 구체적으로 의심할 수 있기 때문이다.

연습 5: 부정적인 생각을 하는 이유

이 연습에는 30분 정도가 소요된다. 다시 한번 실전 연습지를 손에 들고, 하나하나 훑어보자. 각각의 부정적인 생각이 어떤 일을 초래하는지를 떠올려 보자. 이 순간 자신에 대해 더 긍정적으로 생각하면 어떤 일이 벌어질까? 자아비판하는 모든 이유를 다음 두 페이지에 걸친 실전연습 5 노트에 적어넣어 보자.

실전연습 5:
나의 부정적인 생각의 이유

나의 부정적인 생각	이로써 내가 도달하고자 하는 것
	나는 왜 이것에 도달하고자 하는가? 그 결과 어떤 필요를 채우고, 어떤 위험을 피할 수 있는가?

나 스스로를 깎아내리는 배후의 본래 이유

여기서 끝이 아니다. 이제 당신이 왜 그런 식으로 생각하는지, 주된 이유들을 적어보자. 원래의 동기는 배후에 숨겨져 있으며, 지금 연습 노트에 적은 것과는 완전히 다를 수도 있다. 자신을 비판하는 이유가 진정 무엇인지 알아내고자 한다면, 어린아이들을 따라 해보자. 아이들은 부모의 대답이 바닥나거나 자신의 호기심이 충족될 때까지 계속해서 왜냐고 묻지 않는가?

당신도 그렇게 해보는 것이다. 지금까지 종이에 적은 모든 동기를 캐물어 보자. 가령 당신이 "교만해지지 않고 싶어서"라고 적었다면 이렇게 질문하는 것이다. "왜 교만해지면 안 되는 거지? 교만하면 무슨 끔찍한 일이 일어날까?" 그러고는 다시 그 배후의 이유를 물어보라.

이렇듯 반복적으로 이유를 찾아감으로써 원래 동기에 더 명확히 다가갈 수 있다. 계속해서 캐묻고, 근저에 깔린 생각들을 집중적으로 살펴본다. 스스로 올바른 대답을(혹은 올바른 대답들을) 찾았다고 느낄 때까지 계속 답을 적고 배경을 캐묻는 것이다. 그리고 만족스러운 진술에 도달하면, 이를 연습지의 해당 칸에 적어보자. 관습에 맞지 않고, 약간 튀는 생각이거나 아주 이기적인 동기라 해도 적어보자. 솔직할수록 당신 자신, 나아가 당신이 계속해서 스스로를 비판하는 이유를 더 명확하게 이해할 수 있다.

본래 이유가 당신이 집단 속에서 감당하는 역할과 관련되어 있을지도 모른다. 사회적으로 공격받거나 배척당할까 봐 두려워서 자신을 비판하는 경우가 종종 있기 때문이다. 사회적 불안이 문제가 되는 것이다. 이 문제는 다음 장에서 더 자세히 살펴볼 것이다. 그 전에 우리는 부정적인 생각을 먼저 통제해야 한다.

내면의 비판자는 어린아이와 같다

가면증후군을 겪는 사람들이 특히 잘하는 한 가지가 있다. 바로 의심하는 것이다! 그들은 스스로를 의심하고, 자신에게 향하는 칭찬의 진위를 의심한다. 때로 자신을 인정해주는 사람들이 건강한 이성의 소유자인지도 의심한다.

자, 이제 그들이 왜 그리 빠르게 잘못된 결론을 내리는지, 무엇에 근거해 그런 이유를 붙이는지를 한번 정확히 살펴볼 필요가 있다. 마를라의 예를 들어보자. 마를라는 막 상사에게서 짧은 이메일을 받았다. 내일 오후 2시에 이야기를 나누었으면 한다는 내용이었다. 메일을 보자마자 마를라의 뇌는 출력을 높이기 시작한다. "상사가 나를 왜 보자고 하는 것일까?" 이런 '소환장'은 결코 좋은 일 때문이 아니라고 그는 확신한다. 자신이 지난번에 제출한 문서에서 상사가 뭔가 잘못된 점을 발견했는지도 모른다. 게다가 요즈음 일에 집중을 못 하고 산만한 형편이니, 상사가 그런 태도를 지적하는지도 모른다. 그러고 보니 어제 복도에서 우연히 마주쳤을 때 상사는 눈인사도 건네지 않았다. 내가 얼마나 무능하고 어설픈지를 알아챈 것일까? 계약이 연장되지 않으면 어떻게 하지? 퇴근할 때까지 바짝 긴장한 채로 보냈던 마를라는 밤새 잠을 이루지 못한 채 온갖 안 좋은 시나리오들을 머릿속으로 돌렸다.

하지만 무엇이 마를라를 이런 생각으로 이끈 걸까? 명백한 사실은 상사가 그와 면담하기를 원하며 전날 복도에서 마주쳤을 때 눈인사를 하지 않았다는 것뿐이다. 최근에 산만하고 일에 집중하지 못했다는 건 자신의 지각일 뿐, 주변 사람들이 그 점을 인지했는지조차 모를 일이다. 다른 모든 것은 해석일 따름이다. 상사가 전날 인사하지 않고 지나친 것 역시 마찬가지다. 마를라를 미처 보지 못했거나 딴생각을 하느라 아는 체할 겨를이 없었을 수도 있다. 상사가 이야기하자고 하는 이유도 그렇다. 마를라에게서 뭔가 피드백을 받고 싶을 수도, 맡기고 싶은 일이 생겨 상의하려는 것일 수도 있다. 상사가 직원을 만나려는 이유가 어디 한둘이겠는가. 마를라는 혹시나 자신의 계약이 연장되지 않을까 두려워하지만, 근거 없는 감정이다. 자신이 충분히 잘하고 있지 않다는 마음이 기본으로 깔려있기에 그렇듯 터무니없는 비약을 한다.

 알아둘 것: 우리의 결론은 놀랍게도 사실을 기본으로 삼지 않는 경우가 많다. 그것들은 대부분 우리의 가정과 믿음에 근거한다.

다시 한번 실전연습 5를 읽어보자. 스스로를 비판하는 이유가 거기 적혀 있다. 지금 당신은 자기비판을 통해 모종의 위험을 피하거나 특정한 요구를 충족시키려 한다. 하지만 이런 태도가 맞는지를 한 번도 묻지 않았다. 가령 올리버는 주변 사람들을 실망케 하지 않으려면 스스로 애쓰고 노력해야 한다고 믿는다. 그런데 주변인들이 그가 생각하는 것만큼 올리버에게 많은 기대를 하지 않는다면 어떻겠는가? 올리버는 자신에게 요구되는 것이 무엇인지 정확히 묻지 않았다. 기본 가정을 결코 점검해 보지 않았다.

당신은 어떠한가? 당신이 겸손한 태도로 실수를 피하고, 계속해서 최상의 성과를 갱신해야 삶이 더 나아진다는 보장은 없다. 혹독한 자기비판을 통해 피하려 하는 위험 역시 애당초 존재하지 않는지도 모른다. 즉 그 모든 노력이 헛수고일 수도 있다는 말이다.

오랫동안 특정 확신을 지니고 살다 보면, 그걸 전혀 의심하지 않은 채 당연하게 여길 수 있다. 우리의 뇌 속에는 소위 관습법(불문율)이 있다. "이미 늘 그렇게 생각해왔으니, 그쪽이 맞을 거야." 하지만 이런 결론은 자신을 속이는 착각일 수 있다. 가면증후군에서는 그럴 확률이 더욱더 높다.

 알아둘 것: 자기 생각을 무작정 믿어서는 안 된다. 우리의 기본 가정 중 많은 것은 어린애 같은 생각에 기초하며, 올바르지 않다.

스스로를 끌어내리는 문장들은 거의 모두 우리 자신에게서 나온 것이 아니다. 다른 사람들이 하는 말을 자기화한 결과물이다. 그런 문장들은 대개 아주 어릴 적에 들었을 가능성이 높다. 어린 시절 부모, 친척, 친구, 혹은 다른 가까운 사람들에게서 말이다. 이런 '삶의 지혜'들을 자기 것으로 삼으면서, 내면의 비판자가 생겨났다. 그리고 언제부터인가 노력하고 성과를 내라고, 규칙을 지키라고 다그치는 사람들이 필요 없을 만큼 우리 스스로 알아서 그렇게 하고 있었다.

하지만 분명히 알아두어야 할 것이 있다. 불변하는 것은 이 세상에 없으며, 우리는 오래전부터 어린 애가 아니었다는 사실을…. 어린아이들은 어른이 하는 말을 모두 진실로 여긴다. 어른의 말들을 의심할 줄 알게 되는 것은 보통 훨씬 나중이다. 나아가 어린아이들은 극단적으로 생각하는 경향이 있다. "지금 아니면 언제" "모 아니면 도" "옳거나 그르거나" 이 두 가지밖에 없다. 아이들은 중간 단계를 인식하지 못한다. 어린 시절에 생겨난 내면의 비판자도 마찬가지다. 그러므로 내면의 비판자에게 휘둘리면, 성급한 일반화와 거짓 결론에 빠지기 쉽다.

마를라도 마찬가지다. 그녀는 상사가 자신에게 만족하지 않을까 봐, 면담 시간에 상사에게서 안 좋은 소리를 들을까 봐 두려워한다. 지적당하고 상사의 호의를 잃어버릴까 두려워하는 마음은 어린애 같은 감정일 뿐 그녀의 성과와는 아무 관계가 없다. 하지만 마를라는 상황을 현실적으로 해석하지 못한다. 그녀는 자신이 성인이 되었고 독립적인 인격체로 살고 있음을 완전히 잊었다.

당부하건대 당신 머릿속의 비판적 말들은 전능한 권위자가 아니라 내면의 어린아이에게서 나온 것임을 의식하고, 자기비하적인 생각을 시험대에 올리자.

연습 6: 내 내면의 비판자는 옳은가?

실전연습 5에서 당신은 부정적인 생각에 대해, 그리고 자기비판으로 귀결되는 두려움에 대해 적었다. 알다시피 이런 생각들은 잘못된 가정을 기반으로 나왔을 가능성이 크다. 이제 그중 어떤 것들이 옳고, 어떤 것들이 아이 같은 두려움으로 말미암아 왜곡되었는지 규명하는 작업이 필요하다.

연습노트에 써놓은 문장들을 훑으며, 하나하나 점검해 보자. 내면의 비판자는 이 문장들에 대해 어떤 이야기를 하는가? 무엇보다 해석과 추측이 아닌 사실들(가령 주변 사람들이 관찰할 수 있는 행동)에 근거해 다시 살펴보자. 기본 확신(가령 "넌 능력이 충분하지 않아")이 달라져도 같은 결론에 도달할 것인지도 자문해 보자.

관점을 바꾸는 것도 많은 도움이 된다. 당신 자신이 아니라 친한 친구나 완전히 모르는 사람이라면 이 상황을 어떻게 평가할까? 반복적인 연습은 당신에게 많은 아하! 경험을 선사해준다. 시간이 흐르면서 당신이 제멋대로, 자의적으로 많은 것을 결론짓고 있었다는 사실도 또렷하게 드러난다. 그러고 나면 스스로 아이 같은 생각에 빠질 때마다 그 상황을 분명히 알아채고, 내면의 비판자가 하는 말을 더는 맹목적으로 고분고분 듣지 않게 될 것이다.

마를라도 그랬다. 그녀의 전형적인 부정적 생각은 이러했다. "실수를 범하면 내 성과는 아무 가치도 없는 거야. 어느 순간에 상사는 내가 무능하다는 걸 알아채고 해고하게 될 거야." 마를라는 이런 가정을 뒷받침하는 현실이 무엇일까 생각해봤지만, 설득력 있는 논지가 떠오르지 않았다. 좀더 꼼꼼히 내면을 들여다보면서 그녀는 비로소 깨달았다. 일자리를 잃고, 갑자기 실업자가 되지 않을까 하는 두려움이 이처럼 부정적인 생각을 불러일으켰다는 걸 말이다. 이와 달리 반대 논지들은 금방 여러 개를 열거할 수 있었다. 가령 상사가 이미 자주 모든 직원 앞에서 그녀를 칭찬했다는 것, 최근에도 그녀에게 막중한 임무를 맡겼다는 것, 지금 다니는 회사에서 그 어떤 직원도 자신이 저지른 것과 같은 작은 실수로 인해 해고된 적이 없다는 것. 한번 관점을 바꾸고 나니 만약 회사에서 자신과 비슷한 실수를 저지른 친구가 있다면, 결코 그로 인해 해고되지 않을 거라는 점도 분명해졌다. 이렇게 마를라는 그동안 스스로를 얼마나 비판적으로 판단했는지, 자기 안의 두려움 중얼마나 많은 것이 얼토당토않은 것이었는지를 분명히 깨달을 수 있었다.

이제 실전연습 6을 활용해 당신의 시선을 점검해 보자.

실전연습 6 :
나의 내면의 비판자는 옳은가?

나의 전형적인 부정적 생각

이를 뒷받침하는 것	이를 반박하는 것
▶	▶
▶	▶
▶	▶
▶	▶
▶	▶

이런 가정 중 어떤 것들이 나의 기본 확신에 근거하는가?

제3자는 이 상황을 어떻게 평가할까?

친한 친구가 나와 같은 상황이라면, 나는 이 상황을 어떻게 평가할까?

사랑 넘치는 동반자를 만들자

내면의 비판자를 입 다물게 할 수 있다면 문제는 간단해진다. 하지만 그를 떼어버리는 건 생각처럼 쉽지 않다. 그도 결국 우리 인격의 오래되고 본질적인 부분이기 때문이다. 대신 우리는 그의 발언을 무력화할 수 있다.

이제부터 당신은 부정적인 메시지에 대해 가치중립적이거나 긍정적인 시각을 마주세우는 법을 배울 것이다. 이 책을 쓰는 동안 나 역시 계속해서 내면의 비판자가 떠드는 목소리를 들었다. 그는 나의 첫 책이 훨씬 좋았으며, 내가 독자들을 지루하고 부담스럽게 할 거라고, 여러모로 독자들을 실망케 할 거라고 말했다. 이런 말을 듣다 보면 종종 용기가 없어지고 의욕이 꺾인다. 따라서 비판자의 진술을 무력화하는 방법을 찾아야 했다. 나는 책 작업을 시작할 때면 "수정할 때마다 원고가 조금씩 더 좋아져."라고 말했다. 이런 문장은 나를 고무해주었다. 실제로 더 좋은 표현이나 이해하기 쉬운 예를 찾을 때마다 그것에 주목하면서, 내면의 비판자를 무력화시킬 수 있었다. 독자들이 이 책을 앞에 놓고 있다는 사실이야말로 내 전략이 통했음을 증명해준다.

 알아둘 것: 우리는 자기비판과 의심을 완전히 저지할 수 없다. 대신 그것에 고무적인 메시지를 맞세울 수 있다.

하지만 어떻게 더 긍정적인 시각을 가질 수 있을까? 이를 위해 필요한 것은 자기 자신과 주변의 호의 어린 시선이다. 당신에게 호의적인 주변 사람들을 떠올리며 자문해 보라. "내 친구는 뭐라고 말할까?" 혹은 "내 치료사의 반응은 어떨까?" 계속해서 그들이 어떻게 행동할지 혹은 어떤 충고를 할 것인지 생각하다 보면 우리 마음속에 그들의 모상(이미지)이 생겨난다. 심리학자들은 이를 내사introject, 즉 내면화라고 부른다. 기본적으로 내면의 비판자도 내사된 대상이다. 정확히 들어보면, 내면의 비판자가 쏟아내는 문장에서 아버지나 선생님을 감지할 수 있을지도 모른다. 당신은 이런 사람들에게 동화된 결과 내면화된 그들의 목소리를 들어온 셈이다. 따라서 이런 메커니즘을 역으로 활용할 수 있다.

연습 7: 사랑 넘치는 다정한 동반자

다음 세 페이지에 걸친 실전연습 7은 스스로를 잘 대하는 좋은 모범을 발견하도록 돕는다. 특정 인물을 생생하게 눈앞에 그릴수록, 그가 어떻게 행동할지 구체적으로 알게 되고, 그 태도를 본 따 자신을 위해 활용할 수 있다.

당신의 모범이 되는 사람은 특정 상황을 어떻게 평가할까? 전형적인 문장과 반응들을 적어보라. 이 과제를 위해 며칠 여유를 가지고 한 번 더 긍정적인 시각을 받아들이는 훈련을 해보자.

실전연습 7 :
사랑 넘치는 다정한 동반자

어릴 적 누가 내게 잘해주었는가? 누가 나의 긍정적인 모범이 될 수 있을까? 가능하면 세 명을 꼽아보자. 그리고 각 인물들을 머릿속에 떠올리며 다음 질문에 대답해보자.

인물 1: ....

이 사람의 전형적인 문장과 행동방식은 무엇이었는가?

....

....

....

그는 현재의 내 상황 혹은 내면의 비판자가 나를 비난하는 것에 대해 뭐라고 말할까?

....

....

....

나를 도와주기 위해 그는 무엇을 할까?

....

....

....

인물 2: _____

이 사람의 전형적인 문장과 행동방식은 무엇이었는가?

_____
_____
_____
_____
_____

그는 현재의 내 상황 혹은 내면의 비판자가 나를 비난하는 것에 대해 뭐라고 말할까?

_____
_____
_____
_____
_____

나를 도와주기 위해 그는 무엇을 할까?

_____
_____
_____
_____
_____
_____

인물 3:

이 사람의 전형적인 문장과 행동방식은 무엇이었는가?

그는 현재의 내 상황 혹은 내면의 비판자가 나를 비난하는 것에 대해 뭐라고 말할까?

나를 도와주기 위해 그는 무엇을 할까?

당신의 긍정적 애착 인물이 구사하는 전형적인 문장을 계속 되뇌라. 그리고 당신에 대한 그의 배려심 넘치는 태도를 모방하라. 그렇게 하면 시간이 흐르면서 스스로에게 더 호의적이고 너그러워지며, 부가적으로 인간관계까지 부드러워진다. 그도 그럴 것이 우리는 무의식적으로 모두가 자신과 비슷하게 생각한다고 가정하기 때문이다. 따라서 스스로 너그러워지면 주변 사람들에게도 훨씬 더 호의적이고 편안하게 다가설 수 있게 된다. 한번 시험해 보라.

책상 앞에 앉아 그런 시나리오를 상상하는 것만으로는 충분하지 않다. 일상에서 적용하는 게 중요하다. 일터에서, 파트너 관계에서, 취미활동에서 관점 전환을 훈련해보자.

하지만 살아오는 동안 인간관계에서 긍정적인 경험을 한 적이 거의 없다면? 그럴 경우에도 다정한 동반자를 만들 또 다른 가능성이 있다. 당신의 친한 친구나 자녀가 지금 당신과 같은 상황이라면 그들에게 뭐라고 말해줄지 생각해 보자. 아마도 "거 봐, 네 잘못이지 누구를 탓하겠어!"라거나 "사장이 너를 탐탁지 않아 하는 건 당연해."라고 말할 가능성은 없다. 오히려 그의 마음을 어루만져 달래고, 다른 시각을 제시하고, 긍정적인 특성들을 언급하고, 해결 가능성을 제안할 것이다. 다음의 '실전연습 7 보충'은 당신의 삶에서 좋은 롤모델을 만난 적 없더라도 자기 자신을 긍정적으로 대할 수 있게 도와준다.

실전연습 7: 보충

사랑하는 이의 자기 비판

나는 친구에게 뭐라고 말할까?

나는 비난을 들은 자녀를 어떻게 대할까?

이번 장에서 당신은 생각이 얼마나 우리의 삶을 강하게 조종하는지를, 우리의 해석이 얼마나 허술한 논리에 근거하는지를 배웠다. 그럴수록 부정적인 생각을 통제하는 것이 중요하다. 계속해서 시각을 바꾸어 자신을 배려하는 연습을 하자.

다음 장에서 감정을 다루는 법을 배우기 전에, 다시 한번 자기 자신과 스스로의 사고방식을 살피도록 하자.

자기 성찰 :

내면의 비판자를 어떻게 저지할 수 있을까?

▶ 내면의 비판자가 하는 말들은 누구를 떠올리게 하는가?
 어린 시절 이런 말들을 누구에게 종종 들었는가?

▶ 비판자의 말을 들을 때 자동적으로 드는 생각은 무엇인가?
 나는 어떤 부분에서 스스로를 특히 비판하는가?

▶ 스스로를 비판하는 게 무슨 이득이 될까? 스스로를 비판하면서 나는 어떤 위험을 피하고 싶은가? 그로써 달성할 수 있는 목표는 무엇인가?

▶ 나 스스로 되뇔 수 있는 유용한 문장은 무엇일까?

▶ 스스로 더 배려하기 위해 어떤 사람을 롤모델로 택할까?

▶ 일상에서 어떤 순간에 사랑 넘치며 다정한 동반자를 떠올려야 할까?

7장 _____ 자기 감정의 주인 되기

출근길의 마를라는 확신에 넘친다. 자신이 무능하면서도 능력자인 것처럼 다른 이들을 속이며 살아가고 있다는 오래된 죄책감이 실은 '가면증후군'이 라는 현상이며, 이런 증후군에 시달리는 사람이 자기만이 아니라는 걸 안 이후부터 저 멀리 희망의 빛이 움트는 듯한 기분이다. 마를라는 드디어 자 신이 왜 이 모양인지를 알게 되었다. 최근 몇 주간 그녀는 인터넷을 검색해 가면증후군, 혹은 사기꾼 현상에 대한 전반적인 사항을 숙지했다. 그리고 웹사이트를 하나하나 순례하며 더 많은 정보를 습득하고자 노력 중이다. 사내 심리학자와 나눈 대화도 그녀를 고무시켰다. 그러므로 오늘의 프레젠 테이션은 지금까지와는 사뭇 다를 것이다.

하지만 하루를 시작할 때 차오르던 긍정적인 생각들은 어디로 가버렸을까?

회의 시간에 자기 차례가 오기를 기다리는 동안 불안은 점점 커져만 가고, 실패에 대한 두려움이 다시금 엄습한다.

"착각일 뿐이야. 사실 나는 내가 생각하는 것보다 훨씬 더 나은 사람이야. 심지어 정말 잘할 수 있다고." 그녀는 속으로 계속 되뇐다. 하지만 왜 자꾸 기분이 가라앉는 걸까?

단상으로 향하는데 몸이 덜덜 떨리기 시작한다. 모든 눈이 마를라에게 향하고, 그녀의 얼굴은 달아오른다. 젠장! 첫 문장에서 이미 발음이 꼬인다. "아 소용이 없어!" 그녀는 절망해서 생각한다. "그렇게도 자주 내 생각과 내 판단을 믿지 말아야 한다고 되뇌건만, 감정이 내 뜻대로 움직이지를 않아! 부정적인 감정이 너무 강해. 두려움을 떨쳐 버릴 수 있는 전략이 필요해. 지금 이 순간, 심리학자가 나타나 내게 도움을 줄 수 있다면 좋을 텐데."

당신은 이미 자신의 부정적인 확신을 의심하고 긍정적인 방향으로 생각하는 법을 알고 있다. 하지만 그것만으로는 충분하지 않다. 그렇게도 자주 상황이 위험하지 않다고, 부끄러워할 필요가 없다고 되뇌는데도 지금 맞닥뜨린 상황에서 뛰쳐나와 쥐구멍에라도 들어가고 싶다. 우리의 감정은 버튼을 누르듯 쉽게 꺼 버릴 수 있는 게 아니다. 다만 부정적인 감정을 약화하거나 긍정적인 영향을 주는 방법들은 있다. 그걸 알기 위해서는 감정이 어떤 역할을 하고, 어떻게 생겨나는지를 이해해야 한다.

감정이 생존에 중요한 이유

가면증후군이 있는 사람들은 무엇보다 세 가지 감정의 지배를 받는다. 두려움, 수치심, 죄책감. 이런 감정들은 굉장히 불쾌하지만, 중요한 존재다.

두려움은 사랑과 더불어 우리의 행동에 가장 큰 영향을 미치는 감정이다. 그리고 사실은 유익한 존재다. 두려움을 느끼지 못했다면 인류는 오래전에 멸종했을 것이다. 우리 조상들이 검치호랑이에게서 본능적으로 삼십육계 줄행랑을 치지 않았더라면, 그냥 잡아먹혀 버렸을 것이다. 두려움이 경보 신호로서 우리의 생존을 보장해 주기에, 그 감정은 배고픔이나 피로 같은 여타의 모든 느낌보다 그토록 강하고 본능적이다. 두려움이 없다면, 우리는 불이 번져 가는 것을 보고도 도망치는 대신 태연하게 식사를 마칠지 모른다. 그러다 보니 오늘날 우리 일상에서는 생사를 다투는 경우가 그리 많지 않음에도 두려움이 여전히 존재한다.

가면증후군에 시달리는 사람들은 무엇보다 실패의 두려움으로 괴로워한다. 그들은 실수할까 봐, 배제당할까 봐 두려워한다. 그뿐 아니라, 다른 사람들을 속인 것이 들통날까 봐 두려워한다. 이런 두려움은 수치심이나 죄책감과 마찬가지로 소위 사회적 두려움에 속한다. 이런 두려움이 사회에서 배제되지 않게 우리를 보호하는 역할을 하기 때문이다.

수치심은 우리가 적절하고 규칙에 맞게 행동하지 않고 있음을 경고해 준다. 이런 불쾌한 느낌은 다음번에는 다르게 행동하도록 이끄는 역할을 한다. 뭔가가 굉장히 곤혹스러웠다면, 우리는 비슷한 경험을 반복하지 않으려 애쓸 것이다.

죄책감 역시 우리를 공동체 구성원으로 살아가게 돕는다. 죄책감은 우리가 적절히 행동하지 않았음을 알려주고, 잘못을 만회하고 싶은 충동을 불러일으킨다. 따라서 죄책감과 수치심은 우리를 사람들에게 받아들여지고, 호감을 얻게끔 한다. 이런 사회적인 감정들은 우리가 고립되거나 공격받지 않게끔 보호해주는 조절자들이다. 규칙에 따라 행동하는 한, 함께 더불어 살 수 있기 때문이다. 규범을 지키지 않으면, 함께 살아가는 일이 불가능하다.

사회적 두려움, 죄책감, 수치심은 선조들이 물려준 유산이다. 오늘날 우리는 내내 외톨이로 살아갈 수도 있지만 오래전 부족으로부터 추방당하는 것은 사실상의 사형선고였다. 태곳적 인간들은 혼자서 살아남는 것이 불가능했다. 그러므로 존경받는 구성원이 되는 것이 실존적으로 중요했다. 이런 원초적 감정들은 우리 안에 강하게 뿌리박혀서 현대인의 삶을 힘들게 할 수 있다.

 알아둘 것: 생각은 우리 안에서 실제 상황처럼 강한 감정을 불러일으킬 수 있다.

감정들은 어떻게 생겨날까?

신경학에 대해 잠시 살펴보고 가자. 뇌 속에서 감정은 임의로 조절할 수 없는 영역인 변연계가 담당한다. 변연계는 시각중추, 그리고 생각과 판단이 생겨나는 대뇌피질과 밀접하게 연결되어 있다. 따라서 감정은 환경의 자극(가령 이미지, 소리, 촉감, 냄새)뿐 아니라 우리의 생각을 통해서도 유발된다. 좋아하는 음식 냄새를 맡으면 빠르게 식욕이 느껴지고 음식을 먹고 싶은 기대감이 솟는다. 그뿐 아니라 앞으로 먹게 될 음식을 생각만 해도, 같은 감정을 느끼기에 충분하다. 냄새를 맡거나 생각을 하는 것만으로 변연계가 활성화되고 음식에 대한 기대감이 유발되기 때문이다.

감정은 두 가지 방식으로 생겨난다. 말하자면 표준 경로와 고속도로가 있다. 표준 경로에서는 자극이 우선 대뇌피질(정보 처리를 위한 제어 센터)에 도달하고, 거기서 해석된다. 경험을 바탕으로 지각한 정보가 올바른 것인지, 위험한 것인지 평가한 후 이 정보가 감정센터로 전달되어, 그에 상응하는 감정을 유발한다. 그리하여 우리의 기본 확신은 각자가 특정 자극을 어떻게 평가하고, 특정 상황에서 어떤 감정을 느낄지에 본질적인 영향을 미친다.

하지만 이성이 늘 앞서는 것은 아니다. 임박한 위험 앞에서는 상황이 실제로 위험한지 아닌지를 이성적으로 평가하는 데 시간이 걸린다. 판단을 위한 몇 초가 생사를 가를 수도 있다. 그리하여 특정 자극은 변연계로 직접 전달된다. 이처럼 직접적인 공포 반응은 거미공포증이 있는 사람들에게서 뚜렷하게 나타난다. 많은 연구에서 거미공포증을 지닌 사람들은 거미를 의식적으로 지각하기도 전에 이미 화들짝 놀랐다고 보고한다. 즉 자극이 감정센터로 직접 보내져서 즉각적인 공포를 유발하고, 여기에 거미가 있다는 대뇌피질의 설명은 약간 더 지체되어 주어진다.

 알아둘 것: 감정은 명령에 따라 생겨나는 것이 아니다. 그러므로 두려워하지 않겠다고 결정하는 것은 불가능하다.

이것이 무슨 의미를 지닐까? 무엇보다 우리는 감정에 직접적으로 영향을 미칠 수 없다는 사실이다. 가령 내가 당신에게 "이제 두 팔을 들어요."라고 말한다. 이 경우 당신은 명령에 따르거나 거부할 수 있다. 반면 내가 "이제 화를 내세요."라고 말할 경우, 명령에 따르거나 거부하기는 훨씬 더 어려워진다. 먼저 화를 돋우는 자극이나 생각이 필요하다. 반대로 무척이나 화가 나는데 화를 내지 않는 것도 힘들다. 기뻐하기로, 화를 내기로, 더는 두려워하지 않기로, 더는 슬퍼하지 않겠다고 결정하는 것으로는 충분하지 않다. 우리 뇌는 그렇게 작동하지 않는다.

뇌의 작동방식에서 또 한 가지 중요한 것을 배울 수 있다. 신속한 반응이 필요한 경우, 우리의 감정은 아주 직접적으로 나타날 수 있다는 점이다. 1초도 안 되어 몸은 호르몬과 전기 자극으로 충일해진다. 명확히 생각하기도 전에 말이다. 우리가 왕왕 이성보다 감정을 더 신뢰하는 이유다. 두려움을 불러일으키는 호르몬이 이미 몸속을 돌고 있는데 안심시키는 생각에 어찌 믿음을 보낼 수 있겠는가?

마를라도 이 상황을 경험했다. 발표 시간이 다가오자, 그는 점점 긴장되었다. 게다가 모든 시선이 자신을 향하자, 이 자극은 곧장 공포 반응을 일으켰다. 속으로 애써 되뇌던 생각은 이 시점에 효력을 잃었다. 변연계가 이미 활성화되고 아드레날린이 몸속에서 솟구친 것이다.

 알아둘 것: 두려움은 타고난 것이다. 그러나 무엇을 두려워할지는 학습된다. 우리는 교육을 통해, 개인의 경험과 관찰을 통해 배운다.

그렇다고 우리는 무력하게 감정에 내맡기지만은 않는다. 감정에 영향을 미치는 방법은 여러 가지다. 특정 자극이 모든 이에게 똑같은 감정적 반응을 유발하는 것도 아니다. 거미를 보면서 모두가 움찔하지는 않듯이, 사람들의 시선이 집중된다고 모두가 두려워하고 식은땀이 확 솟구치는 건 아니다. 두려움, 수치심, 죄책감을 느끼는 경향은 유전적으로 프로그래밍된다. 그러나 우리의 무릎을 떨리게 만드는 것, 수치스러워서 쥐구멍에라도 들어가고 싶게 만드는 것들의 정체는 사회 집단에 따라 달라질 수 있다.

당신은 어릴 적 어머니로부터 낯선 사람들과 공연히 얽히지 말라고, 거리에서는 차 조심하라고 귀가 닳도록 들었을지 모른다. 이렇듯 위험에 대한 의식은 타고나기보다 훈련된다. 우리는 반복을 통해 특정 상황이 위험할 수 있음을 내면화한다. 그러고는 비로소 그에 대해 두려움으로 반응한다. 그러므로 출신 가족의 가치 및 평가 기준이 오늘날 당신이 무엇을 두려워하고, 두려워하지 않는지에 결정적인 영향을 미치는 셈이다. 주변 사람의 의견을 중시하는 사람들에게 둘러싸여 자란다면, 나 역시 점점 더 자기 의견을 표명하기보다 주변인들이 어떻게 생각할지 묻게 될 것이다. 주변 환경을 오랜 세월 내면화하는 과정에서 다른 사람들이 뒷말하는 대상이 되는 건 정말 최악이라고 학습한 결과다.

그러나 우리는 결과로부터 더 많은 것을 배운다. 자동차를 타고 가다가 심각한 사고를 당했다면, 다시금 운전하는 게 겁날 터이다. 어린 시절 말을 더듬다가 다른 아이들의 웃음거리가 되었다면, 사람들 앞에서 말을 해야 하는 상황이 불안할 것이다. 즉, 경험도 우리에게 영향을 미친다는 사실이다. 불쾌했던 일에 대한 기억은 우리 속에 깊이 심겨서, 비슷한 상황에 놓이자마자 불안 반응이 나타난다. 심리학자들은 이를 조건화라고 부른다. 우리는 방아쇠(자극이나 상황)를 위험이라는 감정과 연결해, 곧장 두려움을 느낀다.

우리가 불쾌한 경험을 하지 않도록, 신체적·정신적 아픔을 피하도록 우리 뇌는 굉장히 효율적으로 일한다. 그리하여 자신이 아닌 다른 사람이 특정 상황에서 벌을 받거나 해를 입는 것을 보기만 해도, 그와 비슷한 상황에 공포로 반응한다. 소위 모델을 통해 학습하는 것이다.

가면증후군에 시달리는 사람들은 다른 아이들이 친구를 험담하거나 웃음거리로 삼는 걸 보았을지 모른다. 또는 스스로 언젠가 비난의 표적이 되었을지도 모른다. 그런 경험은 평생 지워지지 않고 영향을 미친다. 그리하여 어떤 대가를 치르더라도 비난당하거나 기분 나빠지는 상황이 생기지 않게 애쓴다. 같은 경험을 반복하지 않으려 주의하는 것이다. 그러다 보니 부지불식 간에 두려움이 계속되고 심지어 강화된다. 그도 그럴 것이 위험을 피하는 데 성공하면, 그들은 일단 안심한다. 이런 안도감은 잠깐뿐이다. 다시금 그들은 용케 피했으니 망정이지 그렇지 않았다면 정말로 불쾌했을 거라고 생각한다. 내적 압박은 가중되고, 실패에 대한 두려움도 커지며, 부족한 자신의 실체를 숨겨야 한다는 감정도 점점 더 강해진다.

 알아둘 것: 탐탁지 않은 도전을 계속해서 피해 다니면, 그런 상황이 실제로는 겁낼 필요 없는 일이라는 사실을 경험하지 못한다. 피할 때마다 불안은 커지고, 그럴수록 우리는 도전을 더 피하려 든다.

도전에 대한 두려움에서 벗어나고 싶다면 상황에 맞서야 한다. 다른 길은 없다. 물론 쉽지 않다. 나는 당신이 과제에 맞설 수 있도록 최소한 두려움을 줄이는 방법을 알려주려 한다. 이번 장의 마지막에 강한 감정을 다루는 가장 중요한 비상전략을 소개하겠다.

모든 것이 단지 머릿속에

실험을 해보자. 눈을 감고 스스로 매우 불안해지는 상황을 떠올린다. 그러고는 당신의 몸과 머릿속에서 일어나는 일에 주목해보라. 분출되는 스트레스 호르몬의 영향이 느껴질 것이다. 몸이 뜨거워지고, 떨리고, 심장 박동이 빨라지고, 목이 조이는 느낌이 든다. 동시에 머릿속에 어떤 장면들이 떠오를 것이다. 이런 내면의 영상을 잘 관찰하고 적어보자.

당신이 떠올린 장면은 어떤 일이 일어날지에 대한 예상이다. 많은 이들은 얼굴이 빨개진 채 중앙에 서 있는 자기에게 모든 시선이 집중되는 장면을 상상한다. 또는 자기에게 영향을 미칠 수 있는 사람의 얼굴에 어린 실망감을 본다. 또 다른 사람들은 자신이 비난받는 모습, 모두가 자신을 외면하는 모습을 떠올린다.

두려움을 일으키는 방아쇠들은 바로 이런 끔찍한 상상들이다. 상황 자체가 두려움을 일으키는 것이 아니라, 상황에 대한 상상이 두려움을 유발한다. 이런 이미지들은 종종 어린 시절 자신이 체험했거나 관찰했던 일들에 기초한다. 그 경험들이 아주 뚜렷이 새겨져서, 오늘날에도 여전히 힘을 행사하는 것이다.

하지만 당신은 어린 시절 학습한 것들을 망각 속으로 보내버릴 수 있다. 수학 3차 방정식 공식만 잊어버리는 게 아니다. 조건화된 감정도 잊을 수 있다. 특정 상황이 위험하지 않음을 학습하면 된다. 바로 상상을 통해서 말이다.

연습 8: 두려움도 망각할 수 있다

이번에는 연습지가 필요 없다. 상상력을 활용해 연습할 것이기 때문이다. 연습을 위해 최소 한 시간 정도를 내서, 방해받지 않고 머물 수 있는 조용하고 아늑한 장소로 이동하자.

이제 편안하게 눈을 감고, 내면의 눈앞에 시험이나 상사와의 면담 등 평소 두려움을 일으키는 상황을 떠올린다. 상황이 떠오른다면 머릿속에 좀 더 자세히 그려 보자. 상사는 어떤 옷을 입고 있는지, 책상에 무엇이 놓여 있는지, 공간은 어떻게 꾸며져 있는지를…. 이제 감정 중추가 활성화되면서, 당신은 신체적·감정적으로 상상에 격렬하게 반응할 것이다. 그도 그럴 것이 뇌는 상상과 현실을 잘 구분하지 못하기 때문이다.

이런 메커니즘을 활용해 두려움을 끝 간 데까지 몰고 가 보자. 상황이 점점 더 악화해 당신이 가장 두려워하는 문제가 대두되는 모습을 그려 본다. 가령 당신이 자신감 있는 태도를 잃고 중대한 실수를 범하는 상상을 해 보자. 몸의 긴장도가 뚜렷이 치솟는 게 느껴진다. 그렇다고 상상을 중단하지 말자.

대신 두려움의 절정에 이르렀을 때 장면을 변화시키기 시작하자. 이상하게도 상사가 부정적인 반응을 보이지 않는다. 그냥 넘어가거나 한술 더 떠서, 자신도 옛날에 비슷한 실수를 했다고 말한다. 중요한 것은 이때 당신의 상상이 상사의 인격과 부합해야 한다는 사실이다. 적어도 납득 가능하거나 가장 좋게는 현실에 있을 법한 수준이어야 한다. 그렇지 않으면 연습은 효과가 없으니까. 차츰차츰 두려운 장면들을 긍정적인 버전으로 대체하자. 이제 서서히 긴장이 풀리는 게 느껴질 것이다. 이렇게 긍정적인 상상을 길게 지속한다. 긴장이 완전히 풀릴 때까지, 내면의 이미지를 가지고 상상의 유희를 즐겨라. 그런 다음 연습을 끝내고 눈을 뜬다.

이런 연습을 실험적 노출이라 부른다. 상상 속에서 두려움과 마주해, 나쁜 일이 일어나지 않는 경험을 한 것이다. 이를 통해 뇌는 특정 자극(가령 상사의 사무실)이 무조건 위험과 연결되지는 않으며, 심지어 중대한 실수도 파국으로 귀결되지 않는다는 것을 배운다. 다만 이런 학습이 효과를 보려면 경험을 반복해야 한다.

당신이 오랜 세월에 걸쳐 특정 상황에 대해 두려워하는 걸 학습했음을 명심하자. 그러므로 습득된 공포반응을 다시금 무력화하려면 여러 번의 반복 연습이 필요하다.

연습 9: 무대공포증을 느낄 때

가면증후군에 시달리는 많은 이들은 강연하거나 뭇 사람들 앞에
서 말해야 하는 상황을 특히 두려워한다. 이런 순간이야말로 평가
받는다는 느낌, 자신의 무능력을 더는 숨길 수 없다는 느낌이 매
우 강하게 들기 때문이다. 그러나 무조건 피하기만 하면, 가면증
후군적 확신이 점점 더 강해져 삶을 힘들게 만든다.

나 역시 예전에는 프레젠테이션이라도 할라치면 정말이지 울면
서 자리를 박차고 나가고 싶었다. 그래서 두려움을 없앨 수 있는
상상 연습을 개발했다. 독자들도 이 연습에서 유익을 얻기를 바란
다. 여기서도 상상이 다시금 연습지를 대신하게 될 것이다.

이 연습을 위해 30분 정도 시간을 내어 방해받지 않는 장소를
찾자. 상상 연습은 눈을 감고 하면 가장 잘되므로, 내 웹사이트
(www.coaching-azur.de/downloads)에 올려놓은 오디오 데이터를
활용해 연습해도 좋다. 녹음된 걸 들으며, 상상력을 발휘해 보자.
다만 오디오 파일을 활용해 연습하기를 원하는 사람도 이 연습이
어떻게 이루어지며, 무엇을 예상할 수 있는지 궁금증을 해소할 수
있도록 여기에 소개하는 연습 내용을 숙지하는 게 좋다.

편안하게 등을 기대고 앉아 눈을 감는다. 깊이 심호흡을 한다. 숨을
들이마시고, 내쉰다. 들이쉬고 내쉬고…. 호흡을 거듭하면서 머릿속
생각이 점점 고요해지는 것을 느껴보자. 이제 자신이 연단에 선 모

습을 상상하자. 마이크가 놓인 연단이 앞에 있다. 청중 쪽으로 시선을 드니, 사람들이 미동도 하지 않고 나를 바라본다. 홀로 앞에 서자 점점 얼굴이 뜨거워진다. 나는 강연을 잘 준비했다. 하지만 머릿속이 하얘진다. 메모지에 빼곡하게 적어놓은 글자들이 눈앞에서 흐려지고, 목이 바짝바짝 탄다. 그런데 손을 뻗어 물 잔을 집을 수도 없다. 손이 덜덜 떨리는 것을 모두가 눈치챌까 두려워서다. 입을 열어 무슨 말을 하려고 하지만, 말이 목에 걸려 나오지 않는다. 청중이 점점 불안해하는 게 느껴지고, 호기심 어린, 더러 비웃는 듯한 시선들이 나를 향한다. 몇몇 사람은 옆에 앉은 사람과 귓속말을 한다. 이런 상황을 모든 감각으로 경험하라. 서늘한 두려움과 뜨거운 수치심이 내 안에서 끓어오른다. 긴장이 고조되면서 숨은 점점 얕아지고, 몸이 떨리고 식은땀이 나기 시작한다.

이런 두려움이 정확히 어디에서 가장 많이 느껴지는가? 나의 긴장은 얼마나 큰가? 헛기침을 하자. 청중의 모든 시선이 나에게로 쏠린다. 비로소 머뭇거리며 말을 시작한다. "중요한 주제로 강연을 시작하려다 보니 긴장되는군요. 제가 긴장해도 너무 신경 쓰지 말아 주세요. 여러분 앞에서 말할 수 있는 건 제게 커다란 영광이지만 동시에 엄청난 스트레스이기도 해요. 그러니 제가 잠시 말을 더듬거나 발음이 꼬여도 그러려니 하면서 제 말의 내용에만 집중해 주시기 바랍니다." 이렇게 말하면서 청중이 한결 부드러워졌다는 걸 느낀다. 누군가는 미소를 지어 보이고, 누군가는 응원한다는 표정으로 고개를 끄덕여준다. 강연은 완벽하게 진행되지는 않는다. 때로는 말이 헛나오고, 때로는 맥락을 잃어버린다. 하지만 청중이 내 강의에 매료되고 있음을 느낀다. 강연 시작 시점의 자연스럽고 솔직한 고백이 청중의 호감을 불러일으킨 덕이다.

강의를 마치며 나는 만족스럽게 청중을 바라다보고, 그들은 우레와 같은 박수를 보낸다. 이어 사람들이 자리를 뜨기 시작한다. 의자들이 뒤로 밀리고, 많은 사람이 문 쪽으로 향한다. 어떤 사람들은 웃으며 대화를 한다. 나는 아직 연단에 서 있다. 땀으로 범벅이 되었지만, 강연이 끝났다는 사실에 마음에 가볍다.

한 여성이 다가와 미소지으며 나의 인간적이고 열린 태도에 감사를 표한다. "강의를 시작하면서 긴장해 있다고 말씀해주셔서 신선했어요. 감동 받았답니다." 내 안에 따스한 감정이 올라온다. 자랑스럽다. 자신에 대해, 두려움을 극복하고 많은 사람 앞에서 강연을 끝냈다는 것에 대해. 무대공포증을 잘 다루고, 정직한 태도로 인정받았다는 사실에 대해. 자, 이제 미소지으며 다가온 여성의 이미지와 그녀의 말을 1~2초쯤 더 나에게 작용하게 해본다. 자랑스러운 느낌, 따스한 느낌을 약간 더 누려보는 것이다.

천천히 영상이 자기 안에 젖어들도록 하자. 그러고는 숨을 깊이 들이마셨다가 내쉬고 팔다리를 구부렸다가 펴보자. 다시 한번 심호흡을 한 후 눈을 뜨고 현재로 돌아오라.

상황과 연관되어 두려움을 유발하는 자극을 상상 속에서 여러 번 돌려보면서, 공포반응을 다시 다스리고 제거하는 훈련을 하자. 머리가 갑자기 하얘져도 그리 큰일은 아니다. 대신 똑같은 상황에서 긍정적인 경험을 할 수 있음을 스스로의 뇌에 알려주자.

응급전략: 두려움, 수치심, 죄책감을 다루기
상상 연습은 도전에 미리 대비하고, 두려움을 최소화하도록 도와준다. 하지만 이미 감정의 소용돌이에 빠져있다면 어떻게 할까? 그럴 때를 대비해 여기, 다급한 상황을 위한 조언을 덧붙인다

▶ 늘 다음을 의식하라: 두려움이나 수치심, 죄책감은 죽고 사는 문제가 아니다. 불쾌한 감정이지만, 위험하지는 않다. 게다가 당신이 두려워하는 일은 절대 일어나지 않는다.

▶ 천천히 심호흡을 하라: 숨을 깊게 들이쉬고 내쉬자. 심호흡을 하면 몸이 이완된다. 다만 너무 과도하게 하다가 과호흡이 되는 일은 없도록 하라. 과호흡은 두려움을 다시 강화할 수 있다.

▶ 두뇌를 속여라: 감정은 신체와도 밀접하게 연결돼 있어서, 몸의 자세나 표정을 통해 감정을 강화하거나 약화할 수 있다. 두려움이나 수치심을 느끼는 경우 당신은 보통 신체를 웅송그리고 시선을 바닥으로 향할 것이다. 뇌는 이런 태도를 "난 무서워." 또는 "난 부끄러워."라는 뜻으로 해석한다. 두려움이나 수치심을 완화

하라면, 곧추서서 고개를 들고 미소짓자. 얼핏 이런 태도는 당신을 당혹스럽게 하고, 스스로 다른 모습으로 가장하는 사기꾼처럼 여겨질지도 모른다. 하지만 체내 피드백을 통해 감정의 강도가 이미 훨씬 약화했다는 것을 느끼게 된다.

▶ 주의를 다른 데로 돌려라: 암산으로 어려운 산수 문제를 풀거나 머릿속으로 끝말잇기를 하자. 이를 통해 죄책감에 빠져 허우적대는 감정을 느슨하게 만들 수 있다. 내 안에 사랑스러운 동반자가 있음을 명심하라. 수치심이나 죄책감이 드는 경우 자기를 탓하기보다 스스로를 이해해주고, 달래주고, 위로하자.

이런 응급전략은 계속해서 반복훈련해야 한다. 이를테면 화재 예방훈련과 비슷하다. 이미 집에 불이 붙은 다음에 소화기가 어디 있는지, 어떻게 사용할 것인지를 생각하면 너무 늦는다. 다급한 경우에는 머리가 잘 돌아가지 않는다. 요구되는 행동 절차를 사전에 훈련해, 자연스럽게 나올 수 있도록 해야 한다. 그러니 규칙적으로 두려움 예방훈련을 하자. 먼저 살짝 불쾌감이 느껴지는 상황에서 시작해 점점 난이도를 더해 훈련하는 것이다. 그렇게 커다란 도전을 극복하고 감정을 통제할 수 있게끔 한다.

이제 당신은 새로운 경험을 할 최상의 준비가 되었다. 다음 장에서 도전을 어떻게 준비하고 극복할지를 배우게 될 것이다. 그 전에 당신의 감정이 어떤 형편인지 점검해 보자.

자기 성찰 :

내 감정을 어떻게 다룰까?

▶ 어떤 상상이 두려움, 수치심, 혹은 양심의 가책을 가장 크게 불러일으키는
　가? 머릿속에 어떤 이미지가 등장하는가?

▶ 이 감정은 어디에서 올까? 누군가 내게 이런 태도를 미리 시범을 보였는
　가? 혹은 나 스스로가 부정적인 경험을 했는가?

▶ 내 생각이 기분에 어떤 영향을 미치는가?

▶ 내 감정에 어떤 긍정적인 이미지를 마주세울 수 있을까?

▶ 두려움에 대처하는 나의 응급 플랜은 무엇일까?
　얼마나 자주, 언제 그것을 연습하고 싶은가?

8장 _____ 새로운 경험을 하라,
제대로!

"이제 슬슬 눈을 붙이지 그래? 벌써 밤 11시야!" 페트라가 문간에 선 채 하품을 하며 책상 앞에 앉아있는 남편을 바라본다. "어서. 당신은 스스로를 너무 혹사시키고 있어. 그러다가 큰일 난다고."

올리버가 컴퓨터에서 눈을 떼고 페트라 쪽을 쳐다본다. "그래, 당신 말이 맞아. 치료사도 내게 똑같이 말했어. 치료사의 도움으로 이제 뱀 앞의 토끼처럼 얼어붙지 않게 됐고, 회의를 제대로 준비하는 방법도 알았는데 말야. 그런데도 난 뭐랄까, 내가 더 많은 내용을 꿰뚫고 있어야 할 것만 같은 기분이 든단 말이지."

"세상 모든 걸 알자면 한도 끝도 없어. 올리버, 당신도 알잖아. 그리고 난 당신을 믿어. 내일 있을 이번 분기 회의를 위해 열심히 준비했잖아. 잘 감당할 수 있을 테니까 걱정 마." 페트라는 남편 뒤로 다가가 어깨를 주물러 주며, 이제 그만하고 쉬라고 다독인다.

올리버는 한숨을 쉰다. "그래 당신 말이 옳아. 슬슬 자야겠어." 올리버는 노트북을 끄고, 자리에서 일어나 욕실로 간다. 그러고는 칫솔을 집다가 거울에 비친 자기 모습을 보며 생각에 잠긴다. 내일 다른 사람들은 나를 어떻게 생각할까? 잘할 수 있을까?

잠시 후 침대에 누워 아내의 팔을 쓰다듬으며 올리버는 자신의 두려운 마음을 이야기한다. "지난 몇 주간 배운 전략이 도무지 통하지 않으면 어떻게 하지? 다시금 좋은 경험을 하지 못하면?" 올리버의 걱정스런 목소리에 잠이 확 깨어버린 페트라는 불을 켜고 진지한 눈빛으로 남편을 바라본다. "내일 회의와 관련해 치료사가 뭐라고 말했어?" "그야 뭐, 실수하지 않으려고 애쓰지 말라고 했지. 긴장하는 게 당연하다고, 불안하고 자신 없어도 잘 해낼 거라고 했고." "바로 그거야. 당신은 내일 잘 해낼 거야. 지금껏 충분히 모의 연습을 했고, 치료사와도 연습했잖아. 잘할 거야. 내일 저녁에 파티하자, 오케이? 자, 이젠 자자! 아무튼 이 점을 명심해. 완벽해질 필요가 없다는 것. 충분히 잘하는 수준으로 족하다는 것."

―――――

이로써 우리는 마지막 거울 층에 당도한다. 우리의 행동 말이다. 행동이 변하지 않는 한, 결과는 달라지지 않는다. 가면증후군도 마찬가지다. 모든 새로운 도전 앞에서 패닉에 빠져 뱀 앞에 얼어붙은 토끼처럼 혹은 견과류 공장에서 과잉행동하는 다람쥐처럼 행동한다면, 도전을 여유 있게 감당할 수 없다.

어려운 상황에서 얼굴이 붉어지거나 몸이 떨리는 데만 신경을 쓰면, 내가 하는 말이 사람들에게 잘 먹혀드는지 감지할 수가 없다. 곧장 칭찬을 거부해 버리고 자신이 한 일을 별 것 아닌 것으로 치부해 버리면, 스스로가 실제로 얼마나 잘하는지를 내면화할 수가 없다.

스스로 충분하지 않다고, 조만간 실력이 남에게 들통날 거라고 가정하는 한, 자신의 능력을 증명해야 하는 상황은 위험으로 다가온다. 그리하여 그런 상황을 피하려 들거나, 너무 과하게 준비하거나, 마비된 것 같은 무력감에 빠질 수 있다. 이 모든 행동방식은 추가적으로 가면증후군적 확신을 더 강화한다.

그렇다면 사전에 무엇을 바꿀 수 있을까? 가장 좋은 방법은 자신감이 충만하고 전혀 불안을 느끼지 않을 경우 자신이 어떻게 행동할지를 가늠하고 이에 맞게 준비하는 것이다. 그 경우 당신은 어떤 사안에 대해 일정 시간을 할애해 기본 사항을 숙지한 뒤 대략적 계획을 머릿속에 넣으려 할 것이다. 부분적인 구멍도 허락할 터이다. 완벽히 알지 못하는 상황도 기꺼이 감당하며, 여의치 않을 경우 즉흥적으로 해결하리라고 믿을 것이다.

다만 아무리 준비를 잘 하더라도, 당신이 얼어붙은 듯 마비되지 않아야 모든 준비 과정이 빛을 발한다. 그러므로 어떻게 하면 이렇듯 마비된 듯한 상태로부터 당신이 자유로워질 수 있을지를 먼저 설명하겠다.

미루는 것을 멈추고 진도 나가기

슬럼프 속에 갇혀 사는 것은 아주 불쾌하다. 나사의 바이스가 조여들어 와 가슴이 답답하고 전혀 움직일 수 없는 느낌이다. 시간이 흐를수록, 바이스는 점점 더 조여져서 당신은 숨 쉴 수조차 없다. 두려움에 마비되어 상황을 전혀 변화시킬 수 없을 것 같은 느낌이다. 콘셉트를 개발하기 위해, 혹은 문서를 작성하기 위해 컴퓨터 앞에 앉자마자 머리가 하얘진다. 좋은 생각이 떠오르지 않는 채로 모니터만 바라보는 시간이 길어질수록, 절망감은 커지고 한숨만 나온다.

이런 상황에서 가장 먼저 해야 할 일은 바로 움직이는 것이다. 말 그대로 움직이는 것 말이다. 빈 종이를 멍하니 내려다보거나 컴퓨터 앞에서 게임이나 시시껄렁한 것들로 시간을 죽이는 한, 두려움의 바이스 안에서 빠져나올 수 없다. 일을 시작하기가 점점 더 어려워진다. 그러므로 가령 제자리 뜀뛰기를 하면서 두려움을 떨쳐 버리거나, 조깅을 해서라도 두려움으로부터 달아나라. 운동하면 스트레스 호르몬이 줄어들고 몸과 뇌에 혈액순환이 잘되어 맴

맴 도는 생각의 순환고리를 중단시킬 수 있다. 잠시 운동하는 것의 또 다른 이점이 있다. 운동하다 보면 호흡 패턴이 저절로 바뀐다는 것이다. 전에는 스트레스로 말미암아 얕은 호흡을 했다면, 운동을 통해 심호흡함으로써 신체가 편안해진다.

 알아둘 것: 하기 싫은 과제를 뒤로 미루면 미룰수록, 시작하기가 더 어려워진다. 그러므로 곧장 시작할 수 있도록 과제를 잘게 쪼개어 작은 걸음만이라도 디디도록 하라.

물론 이렇게 운동을 한다고 준비 작업이 면제되는 것은 아니다. 어느 순간 당신은 책상 앞에 앉아 과제에 생각의 초점을 맞춰야 한다. 가능하면 쉽게 시작할 수 있게끔 시간 단위를 너무 크지 않게 설정하라. 일단 30분에서 한 시간 정도면 발동을 거는 데 충분하다. 이 정도라면 시작에 대한 저항을 극복할 수 있다. 차를 빼내기 위해 자기 차 앞을 가로막은 자동차를 밀어본 사람이라면, 자동차를 움직이게 하는 데 가장 큰 힘이 들어가는 단계가 맨 처음이라는 사실을 안다. 한번 밀리면 그 다음은 쉬워진다. 어떤 사안에서 정체를 맞았을 때도 마찬가지다. 그러므로 일단 사고기관을 가동하는 게 중요하다. 방향은 나중에 수정할 수 있다.

말 그대로 가능하면 빨리 지면을 채우면서 이른바 백지 공포증을 극복하자. 판단하지 말고 생각나는 대로 전부 다 써넣자. 처음에는 질이 아니라 양이 문제다. 쓴 것을 다시 읽어보며 고치지 말라. 그렇지 않으면 몇 문장을 넘기지 못하고 계속해서 문장을 다듬게 될 것이다. 내면의 비판자가 당신에게 "아, 이게 뭐야. 엉망이잖아."라고 비웃는다 해도, 나중에 충분히 개선할 기회가 있음을 기억하자. 지금은 진도를 나가는 게 중요하다.

이 책을 쓰면서 나 역시 이 같은 '안티 정체 전략'을 계속 활용했다. 내면의 비판자를 침묵하게 하고, 머릿속을 스치는 생각을 우선 기록하면서, (내 경우 새로운 장을 시작할 때마다) 백지공포증을 물리친다. 쓴 것이 그다지 마음에 들지 않을지라도, 그냥 놔두고 계속 써나간다. 다음 날이 되면 조금 더 좋아지고, 여러 단계의 수정을 거치면서 차츰차츰 나아져 마지막에는 만족스런 텍스트가 된다는 걸 알기 때문이다.

오늘 계획했던 시간이 지나면, 곧장 활동을 중단하고 다음 날을 위해 새로운 시간을 잡자. 오늘 충분히 했다면, 전혀 다른 것을 생각하거나 취미 활동을 하면 좋다. 사안에 완전히 신경을 끄고 내적 거리를 확보하면 새로운 아이디어에 이를 수도 있다.

우리의 기분은 한결같지 않으므로, 다음 날은 진입하는 것이 좀 더 쉬울 수도 있다. 무엇보다 다음 날에는 우리가 더는 백지 앞에 앉아있는 게 아니다. 전날 끼적였던 내용부터 이어갈 수 있으니 말이다. 일단 대충이라도 작성해 놓으면 이를 기본으로 확장해 나가는 작업이 좀 더 쉬워진다.

독자들은 30분 혹은 한 시간만으로 좋은 콘셉트를 잡아나가는 게 가능하겠냐고 말할지도 모른다. 그 말이 맞다. 일의 단위는 차츰차츰 늘려갈 수 있다. 다만 처음에는 시작에 대한 저항을 극복하는 것이 중요하다. 즉 작은 걸음으로 시작하는 것이 여러 시간 두려움의 정체에 갇혀 아무것도 하지 못하는 것보다 훨씬 낫다.

연습 10: 진도 나가기

미루는 행동을 어떻게 하면 줄일 수 있을지 계획을 세워보자. 30분이나 한 시간가량을 내어 아래에 실린 실전연습 10 노트를 도구로, 일하다가 다시금 정체에 빠질 때 어떤 전략을 구사할 수 있을지를 생각해 보자. 이 연습지를 복사해서, 언제든지 볼 수 있도록 눈에 띄는 곳에 놓아두라. 다시 한번 시작하기가 힘들 때 발동을 거는 도움수단으로 노트를 활용하면 좋다.

실전연습 10 :
진도 나가기

1. 스트레스 호르몬을 줄이는 데 무엇이 도움이 되는가? 어떻게 운동해야 내적 마비에서 벗어날 수 있을까?
   ▶ ....
   ▶ ....
   ▶ ....

▶ ....

▶ ....

▶ ....

2. 다음 걸음들이 시작하는 데 도움이 된다.

　▶ 시간을 잘게 쪼갠다: 일단 30분만 준비 작업을 한 다음 쉬겠다.

　▶ 질보다 양이다. 가능한 빨리 아이디어를 종이에 적는다. 다듬는 건 나
　　중에도 할 수 있다.

　▶ 비판은 바람직하지 않다: 수정하고 고치는 건 나중 단계에.

　　다음 문장은 나의 내면의 비판자를 잠시 침묵시키는 데 도움을 줄 수
　　있다.

　　◆ ....

　　◆ ....

　　◆ ....

　　◆ ....

　　◆ ....

　　◆ ....

　▶ 휴식 취하기: 정해놓은 시간이 지나면, 일을 중단하고 시작을 해낸 것
　　에 대해 스스로에게 보상을 하라. 다음과 같이 보상을 할 수 있다.

　　◆ ....

　　◆ ....

　　◆ ....

　　◆ ....

　　◆ ....

　　◆ ....

위 연습을 수행해낸 당신은 지금 책상 앞에 앉아있다. 그러나 내 조언에도 불구하고 제대로 된 생각을 못 한 채 시간만 흘려보낼 수도 있다. 그러면 전략을 바꿔서, 내적으로 당신을 막히게 하는 것이 무엇인지를 일단 알아내야 한다.

정체 상태에 대처하는 법

두려움에 마비된 것처럼 느껴질 때 주의를 다른 데로 돌려, 시시각각 다가오는 위협에 대한 생각을 피하고 싶을지 모른다. 그것은 잘못된 방법이다. 내적인 정체 상태에서 벗어나고 싶다면, 무엇이 다가오는지 그리고 무엇을 할 수 있는지를 명확히 알 필요가 있다. 나아가 다시 마음을 가라앉히려면 어떤 두려움이 당신을 가장 불안하게 하는지를 알아야 한다.

우선 어떤 감정과 생각이 당신을 마비시키는지 떠올려보자. 정확히 무엇이 문제인가. 이 과정에서 생각의 소용돌이에 휩쓸려 들어갈 수도 있다. 모든 두려움과 공포가 표면으로 떠오르기 때문이다. 여러 다른 목소리들이 동시에 머릿속에서 들리고, 끊임없이 서로의 말을 중단시킬지도 모른다. 따라서 이런 상황에서는 명확한 생각을 할 수 없는 게 당연하다. 당신에게 지각되는 모든 생각과 감정을 적어보라. 섣불리 판단하거나 그것들로 말미암아 절망의 늪에 끌려 들어가지 말고, 생각과 감정들을 종이에 적어보면서 머릿속의 폭풍우를 차츰 가라앉히자.

올리버도 두려운 정기 회의를 앞두고 몇 주간 정체 상태와 싸워야 했다. 그러다가 치료사의 조언으로 걱정을 적어보고는 자신이 얼마나 많은 상반된 감정과 모순된 생각을 품고 있는지 놀랐다. 올리버는 맡겨진 일을 제대로 해낼 수 없다고 믿었고, 자신의 제안이 정말로 효과가 있을지 의심했다. 수치를 당할까 봐 두려워하면서도, 자기가 일을 성공적으로 해내는 것도 두려웠다. 그러면 자기에 대한 기대가 더 높아질 것이므로. 무엇보다 자신이 이 직책에 적합한 사람인가 하는 의구심이 올리버를 괴롭혔다. 이런 상황에서 자기 안에 떠오르는 생각들을 적어보면서, 마음이 고요해지는 것을 느꼈다. 머릿속 감정과 생각을 밖으로 몰아낸 덕이었다.

생각의 폭풍을 다소 가라앉힌 채 모든 걱정을 종이 위에 적고 나면, 두려움이 당신을 더는 옭아매지 못하는 걸 알아챌 수 있다. 그럼에도 오래전부터 생각해온 주제가 다시금 불거질지도 모른다. 즉 스스로 충분히 잘할 수 없고 무능한 사람이라는 확신 말이다. 다행히도 당신은 그런 생각을 의심하고 무력화시키는 법을 배웠다. 그러나 이번에는 다른 방법을 시도해 보자. 학문적 호기심으로 문제를 바라보는 연구자처럼, 감정을 개입시키지 않은 채 걱정을 안겨주는 생각들을 관찰해보자. 그런 생각들로부터 어느 정도 거리를 두면, 두려운 감정들이 저절로 잦아드는 게 느껴질 것이다.

알아둘 것: 걱정스러운 예상들은 우리가 그 일을 피하려 할수록 강해진다. 그 상황에 관심을 두되, 어느 정도 거리를 갖고 바라보면, 그 일들은 그다지 두렵지 않게 된다.

정체 상태 및 그와 연관된 두려움을 극복하기 위해 무엇을 바꿔야 할지 자문해 보자. 어려운 상황을 극복하기 위해 어떤 능력, 수단, 지식이 필요할까. 의식적으로 이런 질문을 반복한다. 해결해야 할 문제를 생각하다 보면 "어쨌든 나는 할 수 없어."라고 단호하게 자르는 걸 피할 수 있다.

마지막 단계로, 당신이 어떤 응급조처들을 취할 수 있을지 구체적으로 떠올려 본다. 이 조처를 위해 떠오르는 생각들을 모은 뒤 평가해 본다. 어떤 제안이 실행에 옮기기 가장 쉬울까? 어떤 제안이 가장 커다란 성공을 약속할까? 그런 다음 목록들 중 한 가지를 택해 곧장 실행해 보자.

올리버는 자신이 두려워하는 것들을 기록하고 그 배후에 놓인 기본 가정들을 하나하나 적었다. 그후 두려움을 제어하기 위해 가장 먼저 어떤 발걸음을 내디딜 수 있는지 자문해 보았다. 그 결과 내적 안정감이 무엇보다 필요하며, 자신이 믿고 의지할 수 있는 구조 혹은 사람을 곁에 두어야 한다고 판단했다. 그리하여 올리버는 특정 과제를, 특정 시일까지 해결하겠다는 타임 플랜을 작성했다. 그것만으로도 무계획적인 태도에서 벗어난 듯한 느낌이 들었다.

나아가 자신의 아내와 심리치료사에게 격려를 구했다. 그렇게 올리버는 차츰차츰 정체 상태를 극복할 수 있었다.

연습 11: 정체 상태에서 벗어나는 길

생각의 소용돌이에 휩싸여 쉽게 전진할 수 없을 때, 다음 연습지를 손에 들고, 네 단계를 밟아 패닉의 늪에서 벗어나 보자. 우선 머릿속을 스치는 모든 문장을 적어본다. 그런 다음 그 배후의 두려움을 찾아내, 일정 거리를 두고 관찰해보자. 감정의 혼란이 잦아드는 것이 느껴질 때까지 계속한다. 그런 다음 이 상황에 대처하는 데 무엇이 도움이 될 것인지 숙고해 보자. 일반적인 것("무엇이 바뀌어야 할까?")으로 시작해 구체적인 것("내가 나아가야 할 첫걸음은 무엇일까?")으로 나아가 보라.

모든 사람이 두려움으로 인해 옴짝 못하는 상태가 되는 건 아니다. 어떤 사람들은 말 그대로 견과류 공장의 다람쥐처럼 반응한다. 그들은 매우 분주하게 이 생각에서 저 생각으로 달음질을 친다. 여기서 조금 무언가를 시작하다가 다른 곳으로 달려가 새로운 걸 하겠다며 깔짝댄다. 그들은 굉장히 적극적이지만 생산성이 낮아도 너무 낮다. 분주하게 움직일수록 두려움이 더 커질 수밖에 없는 유형이다.

이런 사람들은 좀 다르게 행동해야 한다. 뭔가 막 진도를 내는 대신 속도를 늦추고 신중하게 나아가야 한다.

실전연습 11 :

정체에서 벗어나는 길

1. 어떤 감정과 생각들이 일의 진전을 가로막고 있는가?

----

2. 그 배후에는 어떤 두려움이 숨겨져 있는가? 두려워하는 일이 정말로 일
   어나면, 무엇이 안 좋을까?

----

3. 이런 정체를 극복하려면 무엇이 바뀌어야 할까?

4. 어떻게 작은 첫발을 내디딜 수 있을까?

빈틈을 용인할 용기

시간 관리의 중요한 원칙 중 하나는 소위 파킨슨의 법칙이다. 어떤 일을 해내는 데 어느 정도의 시간이 걸릴까? 파킨슨 법칙에 따르면 주어진 마감 시간이 될 때까지 일은 늘어진다고 한다. 당신이 아주 일찌감치 준비를 시작하면, 당신은 한결 스트레스 없이 할 수 있을 것이다. 마감 시한이 많이 남아있기 때문이다. 하지만 준비에 더 많은 시간을 들일수록, 당신은 그 일에 (생각으로라도) 더 많은 신경을 쓰게 된다. 가면증후군과 싸우는 사람들은(특히 오버두어(Over-Doer)들은) 종종 자신의 불안을 준비를 열심히 하는 것으로 상쇄하려 한다. 하지만 이미 2장에서 살펴보았듯이, 이런 식의 행동은 악순환으로 이어진다. 오버두어들은 결코 충분하다고 느끼지 않을 것이기 때문이다. 그들에겐 생각하지 못한 측면들이 늘 다시 또 떠오른다. 그리하여 부지런히 필요한 지식을 습득하고 나면, 또다시 모르는 분야가 나타난다. 충분한 준비를 한답시고 스스로를 돌아버리게 만들 뿐이다.

프레젠테이션을 준비할 때면 마를라는 보통 한밤중까지 컴퓨터 앞에 앉아있었다. 같은 문장을 거듭 고쳐 쓰고, 포맷을 변경했다가 다시 예전 버전으로 돌아갔다가 또다시 바꾸곤 했다. 더 오래 몰두할수록 결과물은 더더욱 마음에 들지 않았다. 따라서 여러 번 초안을 완전히 폐기하고 처음부터 다시 시작했다. 준비 시간이 길어지면서 비중 없는 세부사항들이 중요하게 다가오고 완벽한 프레젠테이션에 대한 압박감은 점점 심해졌다.

 알아둘 것: 어떤 일에 시간을 들일수록, 불필요한 세부사항으로 말미암아 맥을 잃을 위험이 커진다.

당신도 이 같은 경험이 있을지 모른다. 계속 준비하지만, 결코 충분하게 여겨지지 않는 경험 말이다. 시간이 흐르면서 적절한 준비가 어떤 것인지 감각을 잃어버리고, 모든 세세한 부분들을 고려해야 한다고 확신한다. 어떻게 해야 중요한 것과 그렇지 않은 것을 구분하고, 중요하지 않은 것을 건너뛰는 훈련을 할 수 있을까?

우선 틈을 허용하는 용기를 기르고, 스스로 과제를 수행할 능력이 충분하다는 사실을 믿자. 너무 완벽하게 준비하려는 태도를 포기하면 세 가지 면에서 유익해진다. 첫째, 사전에 불필요한 흥분을 하지 않게 된다. 둘째, 준비 시간을 덜 들인다. 셋째, 너무 많이 신경쓰지 않아도 충분히 잘 할 수 있음을 경험하게 된다.

연습 12: 적절한 준비

자, 도전을 잘 감당하기 위해 무엇을 해야 하는지 차례로 적어보자. 목록이 완전할수록 더 좋다. 그러므로 당신에게 안정감을 주는 모든 활동을 메모한다. 단순히 포맷을 바꾸거나, 발표를 연습하는 것일지라도 목록에 넣는다. 눈앞에 놓인 긴 목록을 보기만 해도 입박감이 느껴질지 모르지만, 걱정할 필요 없다. 두서없이 마구 열거된 이 과제들이 잠시 후 상황을 반전시켜줄 테니 말이다.

이제 노트에 적힌 목록을 중요도에 따라 분류해 보자. 혹시 '파레토 법칙'에 관해 알고 있는가? 이 법칙에 따르면 우리가 들인 시간의 20퍼센트가 결과의 80퍼센트를 창출해낸다. 바꿔 말하자면 나머지 80퍼센트 시간은 그리 중요하지 않은 일에 쓰인다는 의미다. 즉 우리가 과제를 완벽하게 수행하려고 애쓸 경우, 80퍼센트 결과로 만족할 때보다 다섯 배나 많은 시간을 투자해야 한다.

그러므로 우선순위를 정하자. 만족스러운 결과를 얻기 위해서는 목록 중 어떤 항목이 정말로 중요한가?(만족스럽다는 것이 완벽함을 의미하지는 않는다는 사실을 명심하라). 시간이 충분하지 않을 때 어떤 측면들을 포기할 수 있는가? 이를 실전연습 12의 해당 칸에 적는다.

이제 핵심적인 요구에만 집중하자. 우리는 불필요하고 자질구레한 것에 너무 자주 얽매이는 우를 범한다. 이런 일들에 할애하는 시간은 정말 중요한 준비 작업에 몰두할 수 있는 시간이다.

마지막으로 여러 목록 중 준비 단계에서 의식적으로 삭제하고 싶은 것은 무엇인지 생각해 보자. 이렇게 새로운 도전을 할 때마다 준비 과정에서 더 많은 것을 의식적으로 누락시키면서, 틈을 남기는 용기를 의도적으로 훈련한다. 그런 식으로 적은 노력을 들여 잘 해내는 경험을 반복하는 것이다.

실전연습 12 :
적절한 준비

스스로를 안심하기 위해 어떤 과정들을 거쳤는가?

이중 어떤 항목들이 정말로 필수적인가?

어떤 항목들을 포기할 수 있을까?

그리 필수적이지 않아, 의식적으로 포기하면서 틈을 남길 용기를 훈련할 항
목들은 무엇인가?

동료들 앞에서 처음으로 사례발표를 해야만 했을 때 나는 3개월 동안이나 준비를 했다. 계속해서 슬라이드를 보충하고 강연 리허설을 세 번이나 했지만, 당일이 되자 엄청나게 긴장했다. 요즘은 이런 일을 하는 데 일주일 정도만 쓴다. 슬라이드를 보기 좋게 만드는 데 너무 신경 쓰지 않고, 시간이 어느 정도 걸리는지 알아보기 위해서만 한번 주욱, 돌려 본다. 그러다 보니 훨씬 더 편안한 마음가짐으로 온라인 회의나 워크숍에 임할 수 있다. 나 자신과 내 능력을 신뢰하게 되었고, 필요한 경우 즉흥적으로 대처할 수 있는 충분한 지식이 있음을 알고 있다.

올바른 곳에 초점을 맞춰라

적절한 준비보다 훨씬 더 중요한 것은 현장에서 우리가 보이는 행동이다. 1장에서 설명했듯이, 가면증후군에 시달리는 사람들은 성공을 통해 학습하지 못한다. 시간이 지나면서 도전에 익숙해지고, 자기가 감당한 일로부터 자신감을 얻는 대신 스스로 무능한 사람이라는 확신만 강화된다. 초점이 잘못 맞추어졌기 때문이다.

파울의 예가 이를 잘 보여준다. 사회 공포증으로 말미암아 내가 근무하던 심신상관 클리닉에서 치료를 받았던 파울은 근육질 몸매에 검정 가죽옷을 즐겨 입어서 다른 사람들에게 위압적인 인상을 주었다. 그러나 내면은 상당히 불안하고 자신감이 없어서, 사람들과 눈도 제대로 맞추지 못했다. 여러 번의 개인 상담이 진행된 끝에 드디어 파울이 그룹 치료에서 입을 열고 처음으로 자신의 불안을 이야기하는 단계에 이르렀다. 이후 그 그룹에 참가한 사람들이 자신의 솔직한 공개에 어떤 반응을 보였냐고 묻자 파울은 대답하지 못했다. 오로지 자신에게만 신경을 쓴 나머지 다른 이들의 반응은 눈에 들어오지 않았기 때문이다.

바로 여기에 문제가 있었다. 두려워하던 일이 일어나지 않았다는 사실을 알아야, 자신이 그런 상황을 잘 감당할 수 있음을 깨닫게 된다. 파울은 자신의 약점이 드러나는 것으로 말미암아 동료 환자들 앞에서 웃음거리가 되는 것을 두려워했다. 파울은 그룹 치료를 받으면서 자신의 두려움을 재차 확인했다. 몸이 얼마나 떨리는지, 목소리와 태도가 얼마나 불안하고 자신이 없는지를 감지했다. 그래서 실험을 실패로 여겼다. 게다가 그는 다른 사람들의 반응을 신경 쓰지 못했다. 사람들이 그에게 격려의 미소를 보내고, 관심 있게 들어주고, 전반적으로 호의적으로 대해주었다는 사실은 미처 주목하지 않았다.

 알아둘 것: 여러 번 상황을 잘 감당했음에도 두려움이 잦아들지 않는다면, 그것은 우리가 잘못된 면에만 집중했기 때문이다.

당신도 파울과 같은 우를 범했을지 모른다. 2장에서 살펴보았다시피 우리의 지각은 불안을 따른다. 자신감 있게 행동하지 못할까 봐 두려워하고 얼굴이 붉어지는가, 말을 더듬기 시작하는가 등에만 신경을 쓴다면 당신의 머리는 이 같은 신체 반응만 기록한다. 그 결과 스스로 두려움이 많고 자신감 없는 인간이라는 결론에 도달해 청중의 고무적인 신호는 감지하지 못한다. 매번 도전 앞에서 두려움에 떨고 만다. 그러므로 나는 지금 어디에 기준을 두고 성공을 측정하는가를 정확히 점검해 보자.

연습 13: 두려운 일이 정말로 일어날까요?

먼저, 생각만 해도 마음이 조여드는 상황을 선택해 보자. 가면증후군에 시달리는 사람들에게 그런 상황은 대부분 시선이 집중되고, 자신의 능력을 입증해야 하는 순간이다. 보통 회의나 강의 같은 일, 그러나 전혀 다른 것일 수도 있다. 어느 엄마는 아이 생일 파티를 해줘야 한다는 것만으로 굉장한 부담과 두려움을 느끼기도 했다. 자신의 무능력으로 인해 재미있는 파티를 해주지 못할 것 같아서, 나아가 자기 아이가 다른 아이들에게 놀림 받거나 왕따를 당할까 봐 두려워서.

당신은 어떤가? 생각만 해도 식은땀이 불쑥 솟는 상황을 떠올려 보고 이를 다음 연습 노트에 써넣자.

그런 다음 이제 정확히 무슨 일이 일어날지를 자문해 보자. 가장 두려운 게 무엇인가? 상식적으로 생각할 때 일어날 확률이 거의 없어서, 다소 유치하고 멍청하게 여겨질 비이성적 두려움도 적어보자.

다음으로 자기의 두려움이 적중했다는 걸 어떻게 알 수 있을지 생각해 보자. 잘못된 추론을 해서는 안 된다. 가령 당신이 강연할 때 떨릴까 봐 걱정한다면, 떠는 게 왜 나쁜지를 먼저 자문해 본다. 대부분은 떠는 것 자체가 아니라, 그로 말미암아 웃음거리가 될까 두려워하는 것이다.

그런데 정말로 웃음거리가 되는지 아닌지는 떨리는 몸이 아니라, 청중의 반응으로 알 수 있다. 따라서 정말로 주의를 기울여야 할 것은 청중의 반응이다.

이제 마지막으로 진정 두려움을 불러일으키는 단계가 온다. 걱정하던 일을 실행하면서 당신의 가설(가령 "난 수치를 당할 거야.")이 맞는지 테스트해 보자. 당신의 두려움은 적중했는가? 스스로 얼마나 떠는지에 포커스를 맞추지 말고(불안할 때 떠는 건 아주 정상적인 반응이다), 사람들이 당신에게 어떤 반응을 보이는지에 포커스를 맞추라. 사람들의 얼굴, 태도를 관찰하고 그들의 피드백을 감지해보라. 아마 대부분은 당신의 걱정이 '근거 없음'으로 확인될 것이다. 이를 통해 차츰차츰 "난 무능력해." "웃음거리가 되지 않으려면 자신감 있게 보여야 해." 같은 고정관념에서 멀어지고, 마침내 폐기하는 날이 올 것이다.

마를라는 연습 노트를 다음과 같이 채웠다.

어떤 상황이 가장 두려운가?

-프레젠테이션해야 하는 상황.

정확히 무엇이 나를 두렵게 하는가?

-질문에 답할 수 없거나 틀린 대답을 할까 봐.

-또는 머리가 하얗게 되어 아무 생각이 안 날까 봐.

그 배후에 놓인 원래의 두려움은 무엇인가?

- 내가 무능하다는 것이 입증되어 일자리를 잃어버리는 것.

어떤 기준으로 내 두려움이 적중했다는 걸 알 수 있을까?

-상사가 지적하는 말이나 프레젠테이션 후의 부정적인 피드백.

-프레젠테이션을 내가 아닌 다른 직원에게 맡길 때.

어떤 상황에서 내 두려움이 맞는지를 테스트하고자 하는가?

-2주 뒤에 있을 프레젠테이션에서. 이것은 좋은 기회다.

테스트할 때 어디에 가장 신경 써야 할까?

- 발표 도중에는 청중의 반응에 신경을 써야 한다. 미소나 눈맞춤

실전연습 13 :
두려워하는 일이 정말로 일어날까?

어떤 상황이 가장 두려운가?

_____

_____

_____

_____

_____

_____

정확히 무엇이 나를 두렵게 하는가?

_____

_____

_____

_____

_____

_____

그 배후에 놓인 원래의 두려움은 무엇인가?

_____

_____

_____

_____

_____

_____

어떤 기준으로 내 두려움이 적중했다는 걸 알 수 있을까?

어떤 상황에서 내 두려움이 맞는지를 테스트하고자 하는가?

테스트할 때 어디에 가장 신경 써야 할까?

등의 긍정적인 신호, 그리고 안절부절못하고 이맛살을 찌푸리는 등의 부정적인 신호 등을 포괄해서. 프레젠테이션이 끝나면 토론에 응하고, 사람들이 나의 강연을 어떻게 들었는지 정확히 귀 기울이고자 한다. 그밖에 다음 직원 면담 때 상사에게 피드백을 부탁하고 싶다.

계획대로 주변 신호에 더 집중하고 적극적으로 피드백을 구함으로써 마를라는 동료와 상사가 전반적으로 자신에게 만족하고 있으며, 작은 실수들이 그런 만족감에 해를 끼치지 않았음을 의식할 수 있었다. 청중의 긍정적인 반응에 주목할수록, 그녀는 자신감을 느꼈고, 차츰 발표에 대한 두려움이 줄어들었다.

 알아둘 것: 나의 두려움이 근거 없음을 자주 경험함으로써 두려움을 극복할 수 있다.

그러므로 현란한 색깔과 각종 서사를 동원해 온갖 재앙 시나리오를 펼쳐내는 내면의 비판자를 믿지 말고, 내 안의 두려움이 타당한 것인지를 꼼꼼히 점검해 보자. 극히 일부를 제외하고 대부분은 근거 없는 두려움으로 드러날 테니까.

이렇게 한 단계 한 단계 도전에 응하면서 내적 성장을 이루다 보면, 일그러진 거울은 제 효력을 잃어버릴 것이다. 자신을 소위 위험에 노출시켜서 나쁜 일이 일어나지 않는다는 걸 경험하는 것이야말로 가면증후군이란 미로에서 벗어나는 가장 안전한 길이다. 물론 당신은 계속해서 옛 상태로 복귀하곤 할 것이다. 특히 초기에는 말이다. 옛 패턴이 우리 안에 너무나 공고히 자리 잡고 있기 때문이다.

한번은 약속이 있어 차를 몰고 왔는데, 이런저런 생각에 몰두하다가 평소 출근하는 코스로 접어든 나를 발견했다. 목적지는 다른 방향이었지만, 이 코스가 너무 익숙해서 나도 모르게 그 길로 접어들고 만 것이다.

가면증후군도 마찬가지다. 간신히 미로에서 빠져나왔다 해도 정신을 놓고 지내다 보면, 어느새 자신이 사기꾼처럼 느껴질 수 있다. 그러니 인내심을 가지고 옛 습관에서 벗어나 다르게 생각하고 행동하는 훈련을 계속 하자. 매일 새롭게 말이다.

자기 성찰 :

내 행동을 어떻게 바꿀 수 있을까?

▶ 부담으로 다가오는 일 전후에 어떤 행동방식이 그 일에 대한 두려움을 더 강화하는가?

▶ 나는 준비를 너무 많이Over-Doer 혹은 너무 적게Under-Doer 하는 경향이 있는가?

▶ 일이 잘 진행되지 않을 때 어떻게 하는가? 어떤 전략이 나로 하여금 미루는 행동을 끊고 시작할 수 있도록 도와줄 수 있을까?

▶ 과도한 준비 작업으로 스스로를 궁지에 몰아넣지는 않나? 어떤 부분에서 좀 내려놓고 틈을 남겨둘 용기를 보여줄 수 있을까?

▶ 내 두려움이 적중하는지 어떻게 알 수 있을까? 다음 도전에서 어디에 좀 더 주의를 기울여야 할까?

▶ 외부에서 내가 어떻게 보이는지를 점검하기 위해, 누구에게 적극적으로 피드백을 구할 수 있을까?

PART 3

스스로를 뛰어넘어
성장하기

지금까지 자기 비하의 악순환을 타개하는 다양한 접근들을 살펴보았다. 부정적인 생각을 어떻게 다룰 수 있는지, 감정을 어떻게 다스리고 행동을 변화시킬 것인지를 배웠다. 이런 기법들을 일관되게 적용하면, 부정적인 통념들을 일시적으로, 나아가 영원히 떨쳐 버릴 수 있다.

내 책에는 아직 중요한 부분이 빠져있다. 우리는 지금까지 현상과만 싸웠다. 당신이 계속해서 화재가 발생하는 지역에 살고 있다고 가정해보자. 당신은 효과적인 화재 진압기술을 개발할 수 있다. 하지만 더 중요한 게 있다. 화재의 원인을 규명해서 제거해야 한다. 그렇지 않으면 반복되는 화재를 진압하느라 계속 신경 써야 할 테니까.

가면증후군도 그러하다. 부담스러운 상황 앞에서 자기 의심이 생기는 것은 자꾸자꾸 새롭게 불거지는 화재와 같다. 하지만 화재의 근본 원인은 다른 곳, 다른 시간에 있다. 그 시간은 바로 어린 시절이다. 따라서 계속해서 패닉이 될 때마다 불을 끄고 싶지 않다면, 가면증후군의 뿌리가 되는 문제를 손봐서 지속 가능한 해법을 찾아야 한다.

이제부터 우리는 자기 의심을 계속하게 만드는 근본 원인을 찾아나서려 한다. 다시 한번 당신이 살아온 삶과 대면해 어린 시절과 이어진 현재를 살펴볼 것이다. 이를 통해 당신이 사실은 꽤 괜찮은 사람임을 마침내 깨닫게 될 것이다. 자, 즐겁게 여행을 떠나 보자!

9장

이미 나는 어른이 되었는데도 여전히 모두에게 잘해주려 한다

올리버가 환하게 웃으며 심리치료실로 들어와 자리에 앉는다. "다 잘 되었어요." 햇살처럼 밝은 미소를 지으며 올리버가 심리치료사에게 말한다. "화요일 회의를 잘 해냈고, 긍정적인 피드백도 받았답니다." "오, 축하해요." 심리치료사도 미소를 짓는다. "전략들이 잘 통한다는 걸 확인하셨군요. 하지만 계속해서 규칙적으로 훈련을 해야 합니다."

올리버가 이맛살을 찌푸린다. "제가 무슨 알코올 의존증 환자라도 되나요? 노력을 게을리하면 도로 재발하기라도 한단 말인가요?" 스스로를 알코올 의존증 환자와 비교하는 올리버의 말에 치료사는 싱긋 웃는다. "아마도 그렇게 나쁘지는 않을 거예요. 계속해서 싸워나가고, 다시 옛날처럼 생각하는 자신을 발견해도 놀라지 말아야 하죠. 재발이 안 되도록 도와줄 수 있는 또 다른 전략도 있어요. 지금까지는 무엇보다 가면증후군으로 말미암은 현상과 싸웠어요. 하지만 아직 원인을 다루지는 않았어요." "그러니까···. 내 어머니 말씀인가요?"

"네, 직접적으로 당신의 어머니라기보다, 당신이 과거에 습득한 각인들을 말하는 거예요. 자, 요즘 회의를 주재할 때, 당신의 나이는 몇 살이죠?" 순간 올리버는 심리치료사가 노망이라도 났나 하는 눈빛으로 상대를 바라다본다. "음···, 제 나이 서른여섯 살이에요. 아시잖아요?" "아, 그런 말이 아니라 회의를 하는 순간에 당신이 스스로 몇 살처럼 느끼는가를 물을 거예요." 올리버는 꽤 오래 생각을 한다. "즉흥적으로 말하자면 다섯 살. 아니···." 올리버가 이내 고쳐 말한다. "한 아홉이나 열 살." "김나지움(독일의 인문계 중고등학교 과정, 만 10세 정도에 입학한다)에 들어갈 무렵 아니었어요? 내가 기억하기론 당신의 어머니가 이 시기쯤부터 계속해서 자신의 직장 문제들을 토론했다고 말했지요. 아니었나? 혹시 제 기억이 틀렸으면 알려주세요." "맞아요." 올리버가 확인해준다. "몇 안 되는 친구들은 다른 학교로 진학했고, 나는 아주 외로웠어요. 엄마 앞에서 전혀 내 목소리를 내지 못했고요. 이것이 나의 자기 의심의 원인이라고 생각하세요?" "보통 가면증후군의 방아쇠는 하나가 아니에요. 가면증후군은 여러 가지 조각으로 이루어진 퍼즐과 같지요. 다만 어려운 상황에서 당신이 그 시절로 돌아간 것처럼 느낀다면, 그 시절이 퍼즐을 이루는 중요한 조각일 거예요. 그러니 한번 그 시절과 대면하면서 어떤 것들이 드러나는지 지켜봅시다."

자. 우리도 함께 발견 여행을 떠나 보자. 가면증후군으로 이어진 당신의 확신이 언제 시작되었고, 오늘날 어떤 조절나사를 돌릴 수 있는지 알아보는 여행 말이다. 하지만 어디에서 탐구를 시작해야 할까? 3장에서 가면증후군이 어떻게 생겨나는지 살펴보았음을 기억할 것이다. 거기서 올리버는 자신이 어떻게 과중한 역할을 감당하려고 애썼는지, 그 요구들에 부응하지 못할까 봐 얼마나 두려워했는지를 이야기했다. 다른 장에서도 계속해서 기본이 되는 주제와 만났다. 즉 다른 사람들을 실망케 할까 두려워하는 것 말이다. 이것이 우리의 첫 번째 (아주 중요한) 출발점이다. 다른 사람들의 기대에 초점을 맞추는 한, 당신은 계속해서 가면증후군 함정에 빠질 것이기 때문이다.

다른 사람을 실망케 하는 것이 왜 중요할까?

내 경험에 따르면 다른 사람들의 기대(실제적인 기대 혹은 추정되는 기대)를 채우려 하는 마음이 가면증후군의 핵심 문제 중 하나다. 이로 말미암아 자기 존재 중 바람직한 면만 보여주고, 바람직하지 않은 면은 숨기려는 현상이 나타난다. 나아가 자기가 실제로는 전혀 다른 사람이고, 주변인들 앞에서 위선적으로 가장하고 있다는 믿음이 강화된다. 중요한 또 하나의 문제가 대두된다. 상대가 원하는(원할 거라고 짐작되는) 모습에 부응하려 노력할수록, 상대는 당신이 정말 어떤 사람이고 당신의 한계가 어디에 있는지를 알지 못하게 된다는 점이다. 죽을 만큼 노력해서 사람들이 기대하는 결과를, 그러니까 그들이 기대할 거라고 짐작하는 결과를 내다 보면, 사람들은 당신이 특정 성취를 수월하게 해낼 거라고 생각한다. 이렇게 악순환이 일어나 결국 당신은 점점 더 부담스러운 상황에 몰릴 수밖에 없다. 견딜 수 있는 한계를 지나 죽을 만큼 애를 써서 누군가의 표상에 부응한다면, 매번 당신은 이 표상을 더욱 공고히 해주는 셈이다. 그럴수록 당신이 애써 피하고 싶은 상황은 점점 더 다가오는 느낌이다. 즉 어느 순간 이런 이상을 더는 유지하지 못하고, 다른 사람들을 실망케 하는 상황이 발생할 거라는 두려움이다. 이상적인 표상을 애써 오래 붙잡을수록 이 순간에 대한 공포는 더욱더 커진다.

 알아둘 것: 타인을 실망케 하지 않으려는 노력이 강할수록, 당신은 속임을 더 오래 지속할 수밖에 없다. 그렇게 사람들의 기대는 더 커지며, 당신이 두려움과 압박감도 이에 정비례한다.

올리버는 입사한 이후 좋은 업무 분위기를 만드는 데 늘 최선을 다했다. 그는 직원들이 쉽게 자신의 문제를 논의할 수 있는 상대이자 어려울 때 도움을 청할 수 있는 구원투수였다. 도와줄 수 있느냐는 부탁을 올리버는 거절하지 못했다. 그러다 보니 직장에서 그에 대한 기대치가 점점 높아졌다. 그러다가 불편함을 무릅쓰고 올리버가 동료의 도움 요청을 처음으로 거절했을 때, 동료는 굉장히 당황했다. 늘 도와주던 올리버의 평소 모습에 익숙해져서, 자신의 부탁을 거절하리라는 생각을 하지 못했기 때문이다.

따라서 뭔가를 변화시키려면 스스로 나서야 안다. 자신의 경계를 더 분명히 하고, 누군가 실망하는 일이 있더라도 감수해야 한다. 그런 변화는 일찌감치 시도할수록 좋다. 쉽지는 않은 일이다. 다른 사람들을 실망케 하고 싶지 않은 마음 배후에는 굉장히 오래된 생존 전략이 숨어있기 때문이다.

과거의 그림자

당신이 처음으로 다른 사람의 기대에 부응하려 노력한 게 언제인지 기억할 수 있는가? 보통 이런 행동은 아주 어릴 적에 시작된다. 어린아이로서 우리는 부모에게 철저히 의존해 있었다. 혼자 생존할 수 없는 어린아이에게는 호의적으로 보살펴 주는 부모가 절대적으로 중요하다. 그러므로 부모에게 사랑받게끔, 부모가 좋아하게끔 행동하는 것이 우리 안에 생존 본능으로 심겼다.

아주 오래전 어린 시절을 돌이켜 보라. 부모님의 칭찬을 받으면 얼마나 자랑스러웠는가. 나 때문에 엄마가 웃으면 얼마나 기뻤는가. 아빠가 미소지어 주면 얼마나 행복했는가. 그때 부모는 세상에서 가장 중요한 사람들이었다. 그런 부모에게 사랑받기 위해 우리는 본능적으로 그들의 바람과 기대에 부응했다.

아이들은 종종 주변 분위기를 직관적으로 느낀다. 말로 표현하거나 이성적으로 파악할 수는 없어도 부모의 상태와 기분을 기가 막히게 안다. 당신 역시 이를 학습했다. 어떤 행동을 할 때 상과 관심과 애정을 받고, 어떤 행동을 보일 때 혼나거나 무시당하는지를 점점 더 잘 알아차렸다. 걷거나 말을 할 수도 있기 전에 이미 적응을 시작했다.

 알아둘 것: 적응하고자 하는 행동은 태어나면서부터 이미 우리 안에 존재하는 생존 본능에 근거한다.

많은 이들은 성장 과정에서 부모님을 행복하게 혹은 자랑스럽게 해드리고자 하는 마음이 점점 옅어진다. 한 살 한 살 나이 들면서 애착인물도 많아지고, 더 독립적으로 변한다. 그럼에도 불구하고 부모와의 감정적 유대는 이어진다. 나는 심리치료사와 코치로 일하면서 부모의 의견에 신경을 쓰지 않거나 부모의 무시로 인해 마음 상해 보지 않은 사람을 거의 만나지 못했다. 스스로 그것을 호락호락 인정하지 않는다 해도 말이다.

주변인의 기대를 채우고자 하는 것은 우리 안에 오래도록 존재해온 패턴이며, 우리는 매일같이 새롭게 이를 강화해나간다. 하루에도 여러 번 우리는 자신의 필요에 굴복할지, 다른 사람들의 필요에 굴복할지 선택해야 하는 상황을 맞는다. 그리고 대부분 자신의 필요 대신 타인의 관심사를 더 중시하고, 그들의 필요를 채우는 쪽으로 결정한다. 이를 통해 다른 사람에 맞추어 살고, 스스로 참을 수 있는 경계를 무시하는 것이 점차 습관으로 굳어진다.

하지만 이제 그만하라! 다른 사람들의 표상에 맞추어 행동하는 것을 중단하라. 거절하는 것을 배우라. 쉽지는 않다. 어린 시절의 각인이 너무 세기 때문이다. 당신은 성인이고, 이미 많은 어려움을 이겨냈으며, 살아오면서 적지 않은 경험을 했다. 그럼에도 실수를 인정하거나 누군가를 실망케 하는 일이 생기자마자, 모든 지식과 이성은 돌연 증발해 버린다. 이런 순간들 앞에서 당신은 주체적인 성인이 아니라 무기력하고 어쩔 줄 모르는 아이가 된다. 애써 훈련한 전략들도 통하지 않는다. 마치 시간여행을 떠나 당신의 능력과 지식을 여행 가방에 넣어오는 걸 잊어버린 것처럼 말이다.

이렇듯 순식간에 과거로 퇴행해 버리는 것은 아주 정상적인 일이다. 어릴 적 경험이 아직 완전히 해결되지 않은 탓이다. 아잇적 각인이 여전히 당신의 감정 세계를 엉망으로 만들어 버린다. 중요한 건 이렇듯 좋지 않은 각인을 알아차리고 처리하는 지혜이다.

이 연습을 위해 며칠 시간을 내자. 아직 완전히 치유되지 않은 내적 상처들과 대면하는 것은 이 책 전체에서 가장 중요한 연습 중 하나다.

연습 14: 우리 안의 아이

누군가를 실망케 하거나, 다시금 실수를 저질렀다는 사실에 직면할 때 당신은 몇 살처럼 느껴지는지 곰곰이 생각해 보자. 세 살? 일곱 살? 혹은 몇 살 더 위? 혹은 아래? 대략 어느 정도의 나이일지 마음속으로 가늠해 보자.

그다음 당신이 그 정도 나이였을 때의 시간으로 돌아가라. 즉흥적으로 눈앞에 떠오르는 경험이 있는가? 어떤 경험인가? 당시 상황은 어땠는가? 어떤 어려움을 극복해야 했는가? 만약 존재한다면 당시의 사진을 보아도 좋다. 또 가족들은 어떤 일들을 기억하며, 어린 시절의 당신을 어떻게 기억하는지 물어보자.

충분한 능력이 없다는 우리의 확신은 어린 시절에 생겨났다. 특히 뭔가를 '잘못'했을 때 감정적으로 되돌아가곤 하는 바로 그 나이에 생겼을 확률이 높다. 하지만 자기 의심을 유발하는 방아쇠는 여러 사건이 모여서 탄생한다. 이런 기본 감정이 어떻게 생겨났는지 규명해 보자.

즉흥적으로 다음 문장을 완성해 본다. "어릴 적 나는 실패자가 된 듯한 기분이었다. 그 이유는⋯." 그리고 떠오르는 모든 생각을 실전연습 14의 첫 줄에 적어보자. 올리버는 "어릴 적 나는 엄마를 늘 기쁘게 해드리지 못해서, 그리고 어머니의 모든 걱정을 다 없애 줄 수가 없어서 실패자가 된 듯한 느낌이었다."라고 적었다.

이제 당신이 적은 문장들을 객관적으로 다시 들여다 보자. 그때 당신은 아이였다. 어른이 된 지금 그때의 사건들을 어떻게 평가하는가? 당신 자신이 아니라 같은 나이대 다른 아이의 일이라고 상상해 보자. 이 아이가 정말 잘못했다고 생각하는가, 아니면 다른 시각으로 보이는가?

아이가 짊어진 과제가 나이에 적합하고 감당할 수 있는 수준이었는가, 아니면 너무 버거운 것이었는가? 그 아이는 정말로 실패한 것인가, 아니면 아이 스스로 그렇게 느낀 것인가?

이러한 질문 앞에서 올리버는 그 누구도 다른 사람의 모든 걱정을 없애줄 수는 없지 않을까, 자문했다. 하물며 어린아이가 어떻게 그럴 수 있겠는가. 어린 시절 자신이 의무감을 느꼈던 과제는 어른도 감당하기 벅찬 일이었다. 뒤늦게 그는 열 살짜리 남자아이에게 어머니가 직장에서 겪는 온갖 문제들을 털어놓고 해결책을 요구하는 것은 말도 안 되는 일이었음을 깨달았다.

어른의 시각에서 보면 상황을 현실적으로 평가할 수 있다. 하지만 아이들은 종종 손 위 남매나 어른에게 기준을 맞추다 보니, 어떤 과제가 부적절한지 깨닫지 못한다. 그리고 나서 실패하면 자신의 능력 부족을 탓한다. 이제 당신은 평가를 수정할 수 있다. 자,

실전연습 14:
내 안의 아이

아이였을 때 나 자신이 실패자처럼 느껴졌다. 그 이유는,

어른이 된 지금 그때 상황을 어떻게 보는가? 다른 아이의 일이었다면, 나는
이 상황을 어떻게 평가할까?

당시 나는 왜 스스로의 요구를 충족시킬 수 없었을까?

아이였던 내가 스스로 죄책감을 느끼거나 무능하게 느끼지 않기 위해서는
무엇이 필요했을까?

그다음 칸에 당신이 어린 시절 스스로의 요구에 부응할 수 없었던 이유를 적어넣자. 올리버는 이렇게 썼다. "그 누구도 다른 이를 지속적으로 행복하게 해줄 수는 없다. 하물며 어린아이가 어떻게 그럴 수 있는가. 아무도 아이에게 그런 일을 요구하지 않을 것이다. 불가능한 일이니 말이다."

그때 어린 시절에 지금과 같은 인식을 할 수 있었으면 얼마나 좋을까? 그러나 아이가 처한 상황과 그에게 필요한 것을 섬세하게 알아채고 잘못된 생각을 교정해주는 사람이 늘 옆에 있는 것은 아니다. 그것은 이상적인 세상에나 가능하다. 당신은 어린 시절 죄책감이나 무능감을 느끼지 않기 위해 어떤 것이 필요했는지 자문해보자. 이 내용을 네 번째 칸에 적어보자.

어린 시절 올리버는 어머니가 스스로 문제를 해결하고 아들에게 든든한 버팀목이 되어줄 만큼 강할 거라는 확신이 없었다. 자신의 어깨에서 무거운 책임감을 벗겨주고, 허심탄회하게 걱정을 털어놓을 수 있는 사람을 얼마나 필요로 했던가. 그 필요들을 적는 동안 올리버는 자신이 어린 시절 아버지로부터 버림받았다고 느꼈다는 걸, 강한 남자가 곁에 있어주기를 얼마나 간절하게 동경했는지를 또렷이 의식할 수 있었다.

연습 노트를 완전히 채웠으면, 이제 어릴 적 자신에게, 그 아이에게 편지를 쓴다. 당신에게 너무도 필요했던 어른 같은 태도로 편지를 쓰는 것이다. 두루 생각하는 능력과 경험을 통해 당신은 어린 시절 자신이 다른 가치관을 갖도록 돕는 데 무엇이 필요한지를 알고 있다. 그러므로 이제 과거로 돌아가 스스로를 도울 수 있다. 아이의 두려움을 포착해 무력화시키자. 아이에게 어린 시절 상황에 대한 다른 시각을 알려주고, 격려해주자. 아이에게 다가가기 위해 어떤 말이 필요한지는 당신이 가장 잘 알 것이다.

올리버는 어머니에게 큰 보탬이 되지 못했다는 생각으로 오랜 세월 괴로워했다. 자신의 과거와 집중적으로 대면하면서 올리버는 이런 과제가 당시 자기 나이에는 참으로 부적절한 것이었음을 깨달았다. 그때 일들을 더 사려 깊은 시각으로 볼 수 있었고, 자신이 어린 시절 그래도 매우 잘 해내었음을 새삼 깨달았다. 그는 편지에서 이렇듯 용감한 소년이 매우 자랑스럽다고, 여러 번 눈물이 북받치는 걸 참아야 했다고 적었다. 이어 어린 시절 자기가 정말이지 모든 것에 최선을 다했음을, 자기에게는 아무 잘못이 없다는 것을 명명백백하게 확인하게 되어 얼마나 마음이 가벼운지 모른다고 적었다.

그러나 다시 또 어려운 상황이 찾아오면 당신의 감정은 과거의 그 아이로 퇴행한다는 것을 명심하자. 따라서 어린 시절의 나에게 쓴 편지를 손이 잘 닿는 곳에 놓고, 다시 실패자처럼 느껴지고 옛 상처가 불거질 때면 그 편지를 한번 주욱, 읽자.

한 걸음 한 걸음 아이에서 어른으로

내가 어떤 어려움을 극복했는지 다시 한번 확실히 돌아보는 일은 스스로 더 강하고 능력있게 느끼도록 돕는다. 하지만 우리는 왜 자꾸 옛 패턴으로 복귀하는 걸까? 특히나 일과 관련해서 말이다.

직장 환경과 출신 가족 사이에 모종의 유사점이 있을지도 모른다. 일자리의 현실이 어린 시절 가족 상황을 상기시킬수록, 특정 상황에서 다시금 옛날의 아이처럼 반응할 확률이 높다. 확연한 '공통점'이 아니라도 말이다. 가령 아버지와 상사는 기본적으로 성격이 다를 것이다. 그럼에도 둘 다 당신 안에서 어찌할 바 모르는 무력감을 느끼게 할 수 있다. 여성 동료와 여동생은 나이나 구체적인 삶의 상황이 서로 다르겠지만, 상사 혹은 아버지와 문제가 생길 때마다 당신에게 도움을 구한다는 점에서 닮아 있을지 모른다.

 알아둘 것: 특정 상황에서 예전의 아이 같은 심정이 될지라도, 당신은 이제 그 아이가 아니다. 지금의 당신은 그때와 달리 수많은 능력과 가능성을 지니고 있다.

그러므로 당신이 왜 간혹 과거로 폴짝 돌아가 있는지를 이해하기 위해 둘 사이의 공통점을 찾아보자. 어떤 상황에서 무기력하고 무능하다고 느끼는지 계속해서 점검하고, 그런 상황을 통해 어린 시절의 어떤 기억들이 일깨워지는지를 생각해 보자. 그러나 지금 당신은 오래전의 그 아이가 아니다. 성숙하고, 경험 많고, 자신의 삶을 주도해 나갈 수 있는 어른이다. 이 점을 명확히 의식할수록 당신은 어릴 적 모드에서 하차하기가 쉬워진다.

연습 15: 오늘은 다르다

나는 다음 연습을 "구별 연습"이라 부른다. 이 연습은 현재 당신과 예전 당신의 차이를 확인하도록 도와줄 것이다. 이를 위해 다음에 나올 실전연습 15 노트를 채우고, 다음 질문에 대답하라.

현재는 그때와 어떻게 다를까?

가령 당신은 상사에게 의존해 있지 않다. 아이였을 때는 무턱대고 가족을 떠나 새 가족을 찾을 수 없었다. 혼자 생존이 불가능했다. 반면 현재의 상황은 훨씬 유리하다. 당신은 언제든지 직장을 그만두거나 스스로를 돌볼 수 있다. 아무에게도 의존해 있지 않다.

지금 나는 전에 알지 못하던 어떤 것을 알고 있는가?

어릴 적에는 세상에 대해 많이 알지 못했다. 기본적인 세상살이를 이해하기 위해 어른들에게 의존해야만 했다. 하지만 부모라고 다 아는 것이 아니기에, 때로 당신에게 잘못된 정보를 전해주기도 했다. 부모에게서 배운 것이 다 진실은 아님을 명심하자.

지금 당신은 스스로 세상을 이해하는 시각을 가졌다. 지식을 습득할 여러 방법을 알고, 아잇적에는 없던 능력도 생겼다. 당신의 모든 능력과 학습 경험을 적어보자.

현재의 나는 예전에는 없었던 어떤 자원을 활용할 수 있는가? 부담스럽고 힘들 때, 당신은 마치 혼자이며 어찌할 도리 없는 듯한 기분이 들 것이다. 아잇적에 그랬던 것처럼 말이다. 하지만 당신은 이제 어른이고, 사회적 네트워크를 가지고 있다. 돈을 벌고 있을 것이며, 스스로 돕거나 누군가에 도움받을 가능성도 있다. 위급한 경우 활용할 수 있는 모든 자원을 적어보자.

이런 구별 연습을 통해 다시 한번 당신의 상황이 변했음을 확인할 수 있다. 조건들이 달라졌고, 무엇보다 당신 스스로가 달라졌다. 당신은 성장했고 성숙했다. 20년 전 혹은 그보다 오래된 시절보다 훨씬 더 많은 능력을 지녔다. 당신이 아이 같은 무기력과 무능하다는 느낌에 떨어질 때마다 이 연습지를 다시 한번 손에 들자. 설령 당시와 비슷한 기분이 들지라도 더는 옛날처럼 아이가 아니라는 점을 환기하자.

이제 마음속에서 한걸음 옆으로 물러나 마치 당신이 심리치료사인 양 스스로를 관찰해보자. 지금 다 자라서 성인이 된 자신과 별 관계가 없는 옛 감정들에 압도되고 있다고 스스로에게 말을 해

실전연습 15 :
지금은 다르다

오늘은 그때와 뭐가 다를까?

지금은 전에 알지 못했던 어떤 것을 알고 있을까?

지금은 전에 가지지 못했던 어떤 자원을 활용할 수 있을까?

주라. 부분적으로 여전히 강하게 다가오긴 하지만 그런 감정들은 옛것일 뿐임을 주지시키자. 그런 후에도 다시금 낙담이 찾아오면 자신에게 쓴 편지를 다시 한번 소리 내어 읽자. 편지가 어린아이의 모드에서 벗어나 성인 모드를 되찾도록 도움을 줄 것이다.

가면증후군의 악순환에서 벗어나기 위해서는, 배려와 이해심을 가지고 자신의 한계를 존중하는 것이 가장 중요하다. 어릴 때는 다른 사람에게 맞추고 적응하는 것이 소중한 생존 전략이었음을 분명히 알자. 하지만 당신은 성인이 되었고, 스스로를 돌볼 수 있다. 무턱대고 자신에게 주어지는 외부의 기대들에 맞출 필요가 없다. 자기 자신으로 살아도 충분히 잘살 수 있다.

자기 성찰:
**어떻게 하면 나 스스로를 이해하고
더 잘 뒷받침할 수 있을까?**

▶ 나는 어떤 상황에서 자꾸 아이 같은 기분이 되는가? 그것을 유발하는 방아쇠는 무엇인가?
▶ 내 삶의 상황은 어느 정도로 그 당시를 상기시키는가?
▶ 그때와 지금의 차이점은 어디에서 있는가?
▶ 어릴 적에 해낸 일들을 전과 달리 어떻게 평가하는가?
▶ 어릴 적에 스스로 무능하게 느끼지 않기 위해서 무엇이 필요했을까? 오늘날 어떻게 나에게 이런 뒷받침을 해줄 수 있을까?
▶ 어릴 적 경험에서 하차하도록 도움을 주는 것은 무엇인가?

10장

삶의 이야기를
새롭게 쓰자

마를라는 생각에 잠겨 숲속을 거닐고 있다. 하지만 자연의 아름다움이나 새소리, 전나무 냄새는 그다지 와닿지 않는다. 생각이 다른 곳에 있기 때문이다. "전엔 혼자서 숲속을 걷곤 했는데."라고 마를라는 회상한다. "고요한 자연에 있으면 생각을 정리하기가 좋아. 지금도 그 점에선 변함이 없어."

마를라의 생각이 이어진다. 심리학자가 준 마지막 과제 때문이다. 녹록지 않은 과제. 마를라는 일주일 전부터 자기 삶의 이야기를 확대경 아래에 놓고 자세히 살피는 중이다. 그 이래 여러 감정을 경험했다. 슬픔, 수치심, 후회, 그리고 자부심도. 과거와 마주할수록, 그녀는 더 많이 이해하기 시작한다. "이제야 무슨 일이 벌어졌는지 알겠어. 흡사 퍼즐처럼 모든 조각이 맞아 들어가는군. 내가 왜 그렇게 행동했는지, 내 모든 결정이 아주 논리적이었다는 것도 알겠어. 지난 몇 달간 내 안에서 정말 많은 일이 일어났어."
이 순간 마를라는 내적 신뢰감으로 가득 찬다. 아직 갈 길이 멀고, 여전히 자주 자신과 자신의 능력을 의심하겠지만, 이젠 그래도 맞는 길을 가고 있다고 느낀다. 자신과 마주하는 경험이 그녀에게 확신을 준다. 심리학자에게 감사하는 마음이 샘솟는다. 심리학자는 마를라를 많이 도와주었다. 적절한 자극을 주고, 무엇보다 다시금 자신감을 일깨워주었다. 그녀의 머릿속에 그가 했던 마지막 말들이 울린다. "자신의 인생 이야기를 새롭게 써보세요." 심리학자는 그렇게 말하며 격려의 미소를 보냈다. 마를라는 "고마워요! 해 볼게요."라고 조용히 속삭인다.

과거로부터 무엇을 배울 수 있을까

마지막 단계로 다시 한번 당신 인생의 여러 단계를 주욱, 통과하기를 권한다. 마를라처럼 당신도 이 작업을 통해 새로운 통찰을 얻게 될 것이다. 지금까지 당신은 인생을 원망하거나, 많은 결정을 후회하고, 그런 선택을 한 자신을 비난했을지 모른다. 정상적인 일이다. 내면의 일그러진 거울이 우리에게 그 사건들을 좋지 않게 비추어주니 말이다. 하지만 이제 나의 도움을 통해 좀 더 자세히 살펴본 당신은 연관들을 이해하고, 스스로를 다른 시각에서 바라보게 됐다.

과거를 돌아보는 것은 이미 아는 영화를 보는 것과 비슷하다. 어떤 영화를 두 번째 볼 때는 이야기가 갑자기 다르게 느껴진다. 전에는 흘려 넘겼던 세부적인 것들이 의미 있게 다가온다. 처음 볼 때와 달리 등장인물들이 처음부터 더 호감이 가거나, 아니면 더 반감이 느껴지기도 한다. 전에는 잘 보이지 않던 연관들도 눈에 들어온다. 불가피한 현상이다. 누가 어떤 역할을 하는지, 무슨 일이 벌어지는지 이미 알고 있기 때문이다. 우리는 이런 정보를 그냥 끌 수 없고, 우리의 판단은 이를 통해 막대한 영향을 받는다.

우리 삶의 이야기도 그러하다. 삶을 돌아볼 때 우리는 늘 지금 알고 있는 것에서 출발한다. 예전 행동을 평가할 때도 그 행동이 원하는 결과로 이어졌는지 아닌지를 알고 있으므로 자동적으로 그 정보가 판단에 개입한다. 그러므로 우리는 어떤 결정이나 행동이 그 자체로는 잘못된 것이 아님을 염두에 두어야 한다. 행동하는 시점에는 그 일이 어떤 결과를 가져올지 전혀 알지 못했기 때문이다. 그러므로 어린 시절에는 지금 아는 것을 아직 알지 못했음을 늘 의식해야 한다.

 알아둘 것: 우리가 내린 결정은 당시 가진 지식과 능력으로 내릴 수 있는 최선이었다. 돌이켜보면 어떤 행동이 원하는 결과로 이어졌고, 어떤 행동이 그렇지 않았는지를 잘 알 수 있다. 그러나 삶은 앞으로 나아가는 것이다.

따라서 과거의 행동을 후회하고 비난해서는 안 된다. 이제는 바꿀 수 없는 사건을 두고 괴로워하는 것은 부질없는 일이다. 하지만 미래에는 다르게 반응하는 걸 배울 수 있다. 과거와 마주하면서 무엇이 당신으로 하여금 그런 결정을 하도록 이끌었는지 더 잘 이해하게 된다.

자세히 살펴보면 종종 특정 패턴이 드러난다. 당신의 삶을 관통하는 붉은 실 같은 것 말이다. 돌이켜보면 계속해서 같은 주제의 변주처럼 비슷한 문제에 봉착했을 것이다.

흡사 특정 행동방식을 따르도록 프로그래밍된 것처럼 우리는 무의식적으로 어린 시절에 습득한 도식에 따라 행동하곤 한다. 다만 마음속에서 작동하는 프로그램의 내용은 알지 못한 채 결과만 볼 수 있을 뿐이다. 많은 세월이 지난 지금도 당신은 현재 생활과 당시 생활 간 유사점을 발견할 수 있다. 그러므로 마침내 가면증후군에서 하차하고 싶다면, 당신 안에 어떤 패턴이 활동하고 있는지를 먼저 규명해야 한다.

시간을 충분해 내서 주의 깊은 연구자의 시선으로 스스로의 삶을 다시 한번 돌아보자. 마지막 세 개의 연습은 적을 내용이 만만치 않게 많을지 모른다. 그렇다고 지레 포기하지 말고, 생각들을 무조건 글로 써보아야 한다. 이를 통해 자신의 인생 이야기와 집중적으로 마주하는 커다란 효과를 거두게 된다.

알아둘 것: 삶의 모든 시기에는 극복해야 하는 도전이 포진하고 있다. 이로부터 획득한 경험은 우리가 내적으로 성장할 수 있는 자양분이 된다. 삶의 한 단계를 해결하는 태도와 결과는 다가오는 단계에 영향을 미친다.

연습 16: 내 인생의 단계들

삶의 이야기를 다시 한번 자세히 살펴보자. 어른이 되는 과정에서 당신은 여러 단계를 극복해야 했다. 그리고 거기서 사용한 전략들은 종종 오늘 구사하는 전략들과 비슷할 것이다.

유아기: 태어나자마자 당신은 첫 번째 커다란 과제에 직면했다. 당신은 다른 사람들이 보살펴 주는 손길에 철저히 의존하는 무력한 존재였다. 당신이 영향을 미칠 수 있는 유일한 행동은 바로 "응애 응애." 우는 것이었다. 당시 당신의 필요가 적절히 채워졌다면, 이 경험을 통해 세상에 대한 신뢰감을 배우고 그것을 일생 지니게 되었을 것이다. 하지만 부모님이 당신의 필요에 제대로 부응하지 못했다면, 당신 안에 결핍과 박탈감이 자리 잡았을 가능성이 높다. 관심받으려는 욕구가 커지거나 과도하게 통제하려는 경향이 생기는 등 어떤 식으로든 이 결핍이 상쇄되어야 했을 터이다. 실전연습 16에 있는 질문들을 도구로 당신의 출발상황이 어떠했는지, 평소 살아오면서 신뢰감을 갖는 것이 어렵지는 않았는지 돌이켜보자.

취학 전 연령: 만 3세 이후 당신은 자신만의 자아상을 갖게 되었다. 원하는 것을 얻기 위해 스스로 무엇을 해야 하는지를 배웠다. 성인기에 스스로에게서 관찰할 수 있는 대부분의 행동 패턴은 이 시기에 형성되었다. 이 시기 부모라는 롤모델은 굉장히 중요했다. 당신은 부모 외에는 다른 정보원을 가지고 있지 않았기 때문이다. 그러다 보니 부모를 통해 잘못된 역할 기대를 부여받고 그에 따른 죄책감도 생겨날 수 있다. 이 시기 어떤 것들이 당신 내면에 각인되었고, 당신은 가족 안에서 어떤 역할을 수행했는지 분석해 보자.

학령기: 학교에 들어가면서 당신은 아주 새로운 체계와 마주했다. 성취를 점수로 평가하는 세상에서 당신의 존재는 측정되고 비교되었다. 이 시기에는 성취가 충분하고, 성취와 관계없이도 스스로 가치 있는 존재라는 경험이 절대적으로 필요하다. 그게 충족되지 않으면 자신이 유능하지 못하며, 이 자리에 있을 만한 사람이 못된다고 여기는 가면증후군의 전형적 감정이 자리 잡게 된다. 그러므로 학령기의 기억들과 정직하게 대면해서 자신이 이때의 성취압박을 어떻게 다루었는지 생각해 보아야 한다.

청소년기: 나이를 먹을수록 가족 바깥의 영향들에 노출되고 친구가 중요해진다. 이 시기의 과제는 슬슬 부모의 집을 떠나 안정적인 자존감을 만들어나가는 것이다. 이것이 제대로 안 되었을 경우,

당신은 계속해서 자기 자신이 아닌 다른 사람이 되고자 했을 것이다. 따라서 자아를 찾아가는 이 중요한 시기에 당신이 어떤 경험을 했는지 자문해 보라.

성인기: 어른이 되면 직업적·개인적으로 생활의 책임을 진다. 여가 시간에는 자신이 중요하다고 생각하는 주제에 시간을 할애하게 될 것이다. 사회활동 참여에 대한 대가를 지불받는 것은 이 시기의 가장 두드러진 경험이다. 이런 경험이 성공적으로 이루어지지 않으면 스스로 불충분한 사람으로 느끼고, 삶은 무의미하게 여겨질 것이다. 정확히 살펴보면 예전의 경험들(예전에 했던 경험, 그리고 하지 않았던 경험들)이 지금도 당신에게 얼마나 많은 영향을 끼치는지 알 수 있다. 따라서 마지막으로 현재 삶과 예전 삶의 단계들 사이에 어떤 유사성이 있는지 가늠해 보라.

다음 두 페이지에 걸친 실전연습 16을 통해 많은 질문을 살펴볼 것이다. 각각 삶의 단계와 대면해 보면 스스로 삶의 도전에 지금까지 어떻게 대처해 왔는지를 선명하게 깨달을 수 있다. 그렇게 당시의 어려움과 연결지어 오늘날 자신의 행동을 더 잘 설명하게 되고, 반복되는 패턴을 더 잘 의식할 수 있다.

실전연습 16 :
내 삶의 단계들

인생의 중요한 발달 단계를 주욱 살피면서 다음 질문에 메모하며
답을 해보자.

1. 유아기: 기본 신뢰 형성
    ▶ 당신은 부모님이 기다리던 아이였는가? 많이 기다렸고 사랑받는다는
      느낌이었는가, 아니면 오히려 짐이 된 것 같은 느낌이었는가? 어떤 관
      계(직업적·사적으로)에서 이런 느낌(사랑받는 존재 혹은 성가신 존
      재)이 이어졌는가?
    ▶ 당신은 주변에 대한 신뢰가 강한 아이였는가, 아니면 가능한 한 다른
      사람에게 의존하지 않고 독립적이고자 했는가? 지금은 어떤가?
    ▶ 유아기에 어떤 실망과 상실을 겪어야 했는가? 그것을 어떻게 극복할
      수 있었는가? 지금은 실망을 어떻게 다루는가?
    ▶ 가족에게서 충족하지 못한 그 시절의 필요는 무엇인가? 현재 어떤 방
      법으로 이런 필요들을 충족하고자 하는가?

2. 취학 전 단계: 정체성 및 자아상 발달
    ▶ 당신이 감정을 드러냈을 때 어떤 대우를 받았는가? 실수하거나 말을
      안 들으면 부모님이 어떤 반응을 보였는가?
    ▶ 가족 안에서 당신의 역할은 무엇이었나? 이런 역할 때문에 힘들었나?
    ▶ 어릴 때 사랑받거나 칭찬받기 위해 어떤 전략을 구사했는가? 직장생
      활이나 친구 관계에서 지금도 이런 전략을 활용하고 있나?
    ▶ 부모님은 당신의 필요에 어느 정도로 부응했나? 부모 중 한쪽이 아팠
      는가? 부모님이 재정적·직업적인 면에서 걱정거리가 있었나? 부모님

의 걱정이 당신에게 어떤 영향을 미쳤나?

▶ 부모님이 심부름시키거나 집안일을 시키면 어떻게 했는가? 고분고분 따랐나, 반항했나? 현재 상사와 관계는 어떤가? 상사를 대하는 태도와 부모님에 대한 태도 사이에 유사성이 있는가?

3. 학령기: 성취와 성취 압박 다루기

▶ 학교에 들어갔을 때는 어땠나? 나쁜 성적표를 집에 가져왔을 때 부모님의 반응은? 시험 전에는 어떤 기분이었나?

▶ 자신의 능력을 어떻게 평가했나? 부모님은 당신의 능력을 어떻게 평가했나? 현재 당신의 능력에 대해 어떻게 생각하는가?

▶ 어떤 상황에서 실패한 기분이 드나? 어떤 경험이 스스로 충분하지 않다는 확신을 강화했나?

4. 청소년기: 부모 집과의 분리, 안정된 자존감

▶ 청소년기에 어떤 특별한 일이 있었나? 당신에게 중요했던 관계는?

▶ 친구들과 더불어 뭔가를 했을 때 부모님께 죄책감이 느껴졌나? 부모님께 무엇을 숨겼나?

5. 성인기: 책임지기, 자기 효능감 경험하기

▶ 직업교육을 받거나 대학교육을 받고 사회활동을 시작하는 시기는 어떻게 진행되었는가? 구직 기간이 길었나, 짧았나? 어떤 기회를 잡고 어떤 기회를 마다했는가?

▶ 직장생활은 어떠한가? 과거 가족 내 구도를 떠오르게 하는 상황들이 있는가? 당신의 부모 혹은 남매와 닮은 동료가 있나?

▶ 당신의 직업적 위치는 자존감에 어떤 역할을 미치는가?

마를라는 그동안 살아온 인생을 주욱 돌아보면서, 지금의 직업적 상황이 학창 시절의 그것과 유사하다는 걸 깨달았다. 당시 마를라는 몰래 공부를 하면서 자신이 좋은 성적을 받기 위해 얼마나 열심히 공부했는지를 부모님에게 말하지 않았다. 그리하여 점점 더 자신이 주변을 속이고 있다는 느낌이 강해졌다. 지금도 그녀는 자신이 맡은 일을 해내기 위해 추가 근무를 해야 하는 것에 양심의 가책을 느낀다. 과거에는 부모님을 자랑스럽게 만들고자 했다면, 지금은 상사가 만족스러운 표정 짓는 걸 보고 싶어한다. 과거에 시험을 잘 보지 못하면 부모님 앞에서 부끄럽고 창피했던 것처럼 지금은 프레젠테이션에서 실수를 저지르면 몹시 창피하다. 자세히 살펴보면서 마를라는 특정 패턴이 반복된다는 사실을 깨달았다. 김나지움 시절부터 대학 시절, 오늘날 직장에 이르기까지 자신은 충분히 똑똑하지 않다고 느꼈다. 엄청난 노력을 쏟아부으면서도 겉으로는 안 그런 척해야 한다고 생각했다. 잘 보이고자 하는 대상만이 바뀌었을 따름이었다.

당신도 가면증후군 특유의 확신이 어떻게 삶을 관통해 왔는지를 정확히 살펴봐야 한다. 언제 힘에 부치는 역할을 감당하고자 애를 썼는가? 현재 상황은 어린 시절과 얼마만큼 닮아있는가? 현재 어떤 사람에 대해 어릴 적 부모님께 느꼈던 것과 비슷한 감정을 느끼는가? 왜 그런가?

이런 숙고는 당신이 어떻게 하여 가면증후군에 이르게 되었지, 어떤 행동 패턴이 계속 스스로를 모자란 존재라고 믿게 하는지를 분명히 알게 해준다.

특별한 해결 방법

지금까지 걸어온 길을 살피다 보면, 유사한 패턴을 발견할 뿐 아니라 우리가 왜 이렇게 행동하는지도 더 잘 이해할 수 있다. 계속해서 같은 행동을 보이는 것은 당신의 학습 속도가 더디다는 의미가 아니다. 다만 우리는 수년 전에 필요했고 유용했던 해결전략을 반복하고 있을 따름이다.

앞의 연습을 통해 알게 되었듯이 당신은 살아오면서 많은 힘든 과제와 맞서야 했고, 이를 극복하는 데 필요한 도움을 늘 적절히 받지는 못했다. 좋은 인도를 받지 못하는 상황에서 당신은 스스로 해결책을 마련했다. 당신이 요즘 절망하곤 하는 행동방식은 사실 삶이 던져준 요구에 부응하기 위해 마련한 아이의 전략이었다.

그러므로 시험이나 프레젠테이션 등을 앞두고 스스로 혹사시키는 것도 이해가 간다. 이것이 성취압박에 대처하는 당신의 방식이다. 어릴 적 당신은 더 나은 방법을 배우지 못했다. 유아기에 건강한 기본신뢰감이 형성되지 않은 사람은 다른 사람들의 호의를 신뢰할 수 없다. 그러므로 계속해서 스스로 최고 성취를 이루고, 최

대한 실수를 피하려 한다. 안정된 자존감을 발달시키지 못한 사람은 모두의 비위를 맞추려는 경향이 있다. 이를 통해 버림받을지도 모른다는 두려움을 덜 수 있기 때문이다.

이제 우리는 자신의 행동이 어린 시절 해소할 수 없었던 결핍을 상쇄하려는 것임을 알고 있다. 나아가 이제는 어른의 시각에서 자신의 행동을 판단할 수 있게 되었다.

올리버는 어릴 적 선생님이나 엄마에게 자신이 힘들다는 사실을 왜 털어놓지 못했는지를 자문한다. 엄마에게 어려움을 이야기했다면, 엄마는 어깨에 무거운 짐을 진 그 꼬마의 책임을 덜어주고 일그러진 시각을 교정해 줄 수 있었을 텐데 말이다. 올리버는 어른의 눈으로 어린 시절을 돌아보며 고개를 절레절레 젓는다. 속마음을 털어놓는 일이 그렇게 어려웠을까, 자문하면서. 하지만 심리치료사의 도움으로 이 질문에 천착하면서, 어린 시절의 자신은 다르게 할 수가 없었음을 깨닫는다. 어린 시절 올리버는 자기마저 엄마를 힘들게 하면 엄마는 정말이지 완전히 무너져 버릴 거라고 확신했다. 그래서 엄마와 이야기할 엄두를 내지 못했다. 그리고 같은 이유에서 그 누구에게도 힘들다고 털어놓을 수가 없었다. 사람들이 엄마에게 그 이야기를 하면 어쩌나 하는 두려움이 너무 컸다. 그저 입을 꾹 다물고 자신과 엄마에 대한 책임을 홀로 떠맡았다. 계속해서 더 잘하기 위해 노력하는 것으로 언젠가 엄마를 잃을지도 모른다는 두려움을 다소 줄일 수 있었다. 자신이 완벽해지면, 가장 두려워하는 일은 일어나지 않을 것 같았다. 완벽을 향한 노력이 두려움과 불안의 출구가 되어 주었고, 상황을 통제해 나갈 수 있다는 느낌을 주었다.

어린 시절 여러 이유에서 도움을 구하는 게 쉽지 않았음을 헤아리면서, 올리버는 어른이 되기까지 자신의 길이 얼마나 많은 어려움으로 점철되어 있었는지를 그제야 확실히 깨달았다. 자신의 인생 이야기는 실패자의 서사가 아니라, 대단한 일을 해낸 대견한 꼬마 소년의 서사임을 자각하게 되었다.

올리버는 또 다른 중요한 측면도 이해할 수 있었다. 자신이 소년 시절 그토록 강하게 느꼈던 무력감을 주변 다른 사람들에게 투사하고 있다는 것 말이다. 즉 누군가의 부탁을 거절하면, 상대방이 어린 시절의 자신처럼 홀로 남겨진 듯한 느낌에 빠지지 않을까 걱정한 것이다. 이런 일은 무슨 일이 있어도 피하고 싶었다. 그러나 상대방은 당시의 어린 올리버처럼 속수무책인 상태가 아니라는 걸 그는 지금까지 알지 못했다.

당신도 어릴 적 여러 문제에 직면해 나름의 방식으로 해결했을 것이다. 아마 다르게는 해결할 수 없었을 것이다. 그러므로 그때 자리 잡은 사고방식과 행동이 이후 당신에게 도움이 되었는지를 한번 정확히 살펴보라.

연습 17: 내 행동의 이유

이전 과제에서는 당신의 발달과정에 천착해 보았다. 당신의 메모를 다시 한번 살펴보면, 요즘 왜 이렇게 반응하는지 이해하는 데 도움이 될 것이다.

우선 가면증후군의 어떤 측면이 당신을 가장 힘들게 하는지를 생각해 보자. 그리고 이 내용을 가능하면 정확히 적는다. 이제 눈을 감고 어린 시절로 돌아가자. 당신이 최초로 그렇게 행동하고 생각하고 느꼈던 건 언제인가? 이런 행동이 언제 눈에 띄었는지 가능하다면 가족들에게도 물어보라. 모든 삶의 시기는 고유의 발달과정을 요구한다. 실전연습 16의 메모를 도구로 그때 어떤 문제들을 극복해야 했는지 점검해 보자. 어떤 영역에서 더 많은 뒷받침이 필요했으며, (이유를 막론하고) 도움을 얻지 못했는가? 혼자서 어려움을 극복하기 위해 어떤 전략을 활용했는가? 당신의 행동이 이런 힘든 과제에 대처하는 데 도움이 되었는가?

이 연습을 하고 나면 당신이 그때 다르게 행동할 수 없었음을 분명히 알 수 있을 것이다. 나아가 스스로 다른 사람들의 도움 없이 어려운 상황들을 얼마나 잘 헤쳐 왔는지도 확연히 깨닫게 된다. 마지막으로 어릴 적, 혹은 성인이 되어서도 삶에 잘 대처하기 위해 동원했던 행동들을 가치 있게 평가하자. 그러면서 드는 생각들을 실전연습 17 노트에 적은 후 달라진 시선으로 다시 당신의 삶을 바라보자.

실전연습 17 :
내 행동의 이유

어떤 생각이나 행동방식으로 인해 괴로운가?

어떤 발전 단계에서 나는 처음 그렇게 반응했는가? 그 행동 배후에 어떤 두
려움이나 필요가 숨어있는가?

내 행동은 문제를 해결하는 데 얼마나 도움이 되는가?

삶을 완전히 다른 시각으로 바라보기

자기 삶의 이야기와 대면하는 전기 작업은 심리치료의 중요한 부분이다. 그러다 보니 나는 직업적으로 많은 이들의 인생 이야기를 듣고 읽었다. 사람마다 살아온 삶이 정말 다를지라도, 모든 이야기가 마음에 와닿았다. 헤어짐, 상실, 상처, 실망들이 모든 사람의 삶에 중요한 역할을 했다. 나는 매번 각자가 삶을 헤쳐나가기 위해 그야말로 창의적으로 방법을 생각해 낸 것에 놀랐다. 그들이 힘든 상황에 잘 적응하기 위해 애썼던 모습에 큰 존경심을 느꼈다. 이런 말을 하면 나의 환자들은 놀란다. 그들은 무엇보다 자신의 부족함과 약함만 지각했을 뿐 스스로 커다란 성취를 했으며 참 애써서 잘 해왔다는 사실을 깨닫지 못했기 때문이다. 그들은 나의 피드백을 통해서야 비로소 자신이 정말로 그래왔다는 것을 알았다.

가면증후군에 시달리는 사람들에게는 무엇보다 이런 관점 전환이 유익하게 작용한다. 부족함에서 눈을 떼어 내면의 풍요함으로 시각을 돌리는 것 말이다. 가면증후군이 있는 사람들은 종종 자신의 삶을 실패의 연속으로 본다. 그리고는 자기가 삶에서 어떤 어려움을 극복해 왔는지를, 게다가 그런 어려움을 혼자 잘 극복해 왔다는 사실을 깡그리 무시한다. 그러므로 때로 우리에게는 제대로 된 "거울을 들이대" 주는 누군가가 필요하다. 자명한 것을 잘 보지 못하기 때문이다.

자, 이제 내면의 일그러진 거울을 뒤로하고, 진짜 자신의 모습에 시선을 맞추라. 나와 함께 다른 사람들은 오래전부터 알고 있는 것을 발견해 보자. 바로 당신이 잘 할 수 있는 사람이고 잘하고 있다는 사실 말이다! 당신은 인생의 많은 문제를 이미 자력으로 극복해 왔다.

연습 18: 나의 성공 스토리

학교에서 작문을 해보았을 것이다. 작문시간에는 특정 주제에 대해 몇 페이지에 달하는 글을 쓴다. 이 책을 마치며 나 역시 비슷한 과제를 내주려 한다. 당신의 인생 이야기를 한번 써보라. 성공 스토리로 말이다. 주제는 "내가 어떻게 모든 역경을 이겨내고 지금의 내가 될 수 있었는가"이다.

모든 이야기는 아주 개인적이므로, 여기서는 연습 노트를 제공하지 않겠다. 인생 이야기를 쓰는 데는 지켜야 할 아무런 규정도 없다. 물론 점수를 매기지도 않는다. 다만 당신은 이 마지막 과제를 통해 자신과 집중적으로 대면하는 일이 매우 보람되고 효과적임을 깨닫게 될 것이다.

이 연습을 위해서는 며칠 조용한 시간을 내야 한다. 그런 노력은 매우 보람 있고 가치 있을 것이다. 나의 환자들은 말한다. 자신의 전기를 써보는 활동을 통해 내면에서 많은 변화가 일어났으며, 무엇보다 기본적인 삶의 자세가 정말 많이 변했다고 말이다.

마를라 역시 이 과제에 임한 후 이렇게 말했다. "사실 내 인생을 성공 스토리로 적어보는 일이 썩 내키지 않아 한참을 미루었어요. 뭔가를 까먹거나, 실수를 범해서 애써 한 작업이 효과가 없을까 봐 두려웠죠. 어느 순간, 이런 작업을 꺼리는 것 역시 나의 오랜 두려움 탓이 아닐까 하는 생각이 문득 들었어요. 나는 더이상 학교에 다니는 학생도 아니고, 작문을 잘 써서 점수를 받아야 하는 것도 아니잖아요. 이런 생각을 하며 인생 이야기를 쓰기 시작하자, 정말 글이 술술 나오는 거예요. 옛 감정들이 되살아나면서, 여러 번 울컥해서 눈물을 쏟아야 했어요. 동시에 지금까지 내 삶이 얼마나 풍성했는지를 느끼며 놀랐지요. 사건도 많고, 경험도 많이 했고, 성공적인 일들도 많이 겪어왔다는 걸 알았어요. 내 인생에 대해 아주 다른 시각을 갖게 된 것 같아요. 이젠 프레젠테이션을 제대로 잘 해내지 못할 것 같다는 두려움이 엄습할 때마다 씩 웃으며, 내가 이미 그 모든 일을 잘 해왔음을 생각한답니다."

당신은 서서히, 그러나 확실하게 사기꾼 현상에서 벗어나기 위한 마지막 씨앗을 뿌렸다. 처음으로 삶을 다른 시각에서 바라보았다. 이제 매일 자신이 사실은 얼마나 괜찮은 사람이고, 지금까지 얼마나 많은 것을 잘 해왔는지를 조금씩 더 의식하며 살기를 바란다.

자기 성찰:
나 자신의 인생 이야기를 어떻게 평가하는가?

▶ 어떤 행동 패턴이 내 어린 시절과 성인기를 관통하고 있는가?

▶ 지금과 당시의 유사점은 어디에 있나?

▶ 가면증후군적인 전략으로 어떤 두려움이나 필요에 대처하려 하는가?

▶ 어릴 때 나는 어떤 특별한 어려움에 대처해야 했나? 당시 그것을 어떻게 해결했는가?

▶ 나의 성공 스토리는 어떤 모습인가?

11장

새로운 미래를 향해

"올리버, 무슨 일 있어? 당신 멍해 보이네." 페트라는 5분 전부터 생각에 잠겨 연신 커피잔을 만지작거리는 남편을 걱정스럽게 바라본다. "다음 주에 사장님이랑 면담하는 것 때문에 그래?" 올리버가 자기 생각에서 빠져나오며 대답한다. "그래 맞아. 그것 때문에…. 면담에서 아무래도 내 진로 이야기를 해야 할 것 같거든. 사실 난 내가 계속 이 회사에 남아야 할지 확신이 서지 않아." 페트라는 그 말에 놀란다. 약간 실망감도 느껴진다. 페트라는 남편이 최근 많이 변했다고 생각했다. 더 자신감 있고, 덜 소심해졌다고 생각했다. 그런데 그의 자기 의심이 또다시 시작된 것일까?

올리버가 페트라의 얼굴을 바라다본다. "내가 회사에 사표를 내고, 새로운 진로를 모색한다면…. 어때, 별로겠지?" 페트라의 눈길을 의식한 올리버가 금방 꼬리를 내린다. "지금 직업을 감당할 수 없다는 생각이 들어서가 아니야. 다만 몇 주 전부터 내 과거를 돌아보면서, 지금 정말 내게 맞는 삶을 사는 게 아니라는 생각이 들었어. 옛날에 난 학교를 졸업하자마자 직업훈련을 받고 취직해야 했어. 얼른 경제적으로 자립해서 어머니의 부담을 덜어드리려고 말이야. 그때 이 회사를 만났지. 그러고는 사장님이 좋아 보여서, 여기 눌러앉았지. 이 일이 내게 맞는지는 한 번도 생각하지 않았어. 지금까지 말이야. 하지만 돌아보니 내가 자신을 마음껏 펼칠 수 있는 일은 이게 아니라는 생각이 들어. 다시 공부해서 교사가 되고 싶어."

페트라는 당황한 표정으로 남편을 바라다본다. 남편이 그런 생각을 하고 있는지 전혀 몰랐다. 평소 알던 남편과는 사뭇 다른 모습이다. 남편이 지금의 직장을 그만둔다면, 두 사람의 생활에 커다란 변화가 빚어질 것이다. 하지만 이토록 감수성 풍부하고 스마트한 사람이 교사를 하면 잘 어울릴 것 같은 생각도 든다. "그밖에도 교사로 일하게 되면 가족을 위해 더 많은 시간을 낼 수 있을 거야." 올리버가 그렇게 말하며 페트라를 정면으로 응시해서 페트라는 한순간 어리둥절해진다. "그게 무슨 말이야?" 페트라가 묻는다. "내 말은···." 올리버가 잠시 말을 더듬는다. "그러니까 우리가 아이를 가지면 어떨까 하고, 당신에게 물어보려 했어. 당신은 어떻게 생각하는지···." 페트라의 커피 스푼이 잔 받침에 소리를 내며 떨어진다. 페트라는 어안이 벙벙하다. "당신은 아이를 갖고 싶지 않다고 항상 말했잖아. 아이를 갖고 싶어 한 건 나였어. 하지만 당신은 늘 말도 못 꺼내게 했다고." "그래, 그랬지. 하지만 아이를 갖기 싫어한 건 나 자신의 불안 때문이었다는 생각이 점점 들어. 좋은 아버지가 되지 못할 것 같은 두려움. 어린 시절 내가 힘들었던 것처럼 아이들을 힘들게 할까 봐 두려웠던 거야. 하지만 이제 나는 좋은 아버지가 될 수 있을 것 같아. 물론 아이들을 키우면서 실수도 하겠지. 그래도 내 어머니가 했던 것과 같은 실수를 반복하진 않을 거야. 내 경험을 토대로, 내 아들은 좀 더 나은 어린 시절을 보내게끔 도울 수 있다고 생각해." 페트라는 웃음이 난다. 올리버가 아주 자연스럽게 아들이라고 말하다니, 성별을 자신이 고를 수 있는 것처럼 말이다. "그래, 며칠간 좀 더 상의해보자. 하지만 그거 알아? 난 내 앞에 있는 새로운 올리버가 좋아. 그리고 올리버의 미래 계획도 마음에 들어." 페트라는 미소를 지으며 테이블 위로 몸을 굽혀 올리버의 이마에 키스한다.

마지막으로 한 가지 말하고 싶은 것이 있다. 당신이 열심히 연습해서 한 걸음 한 걸음 가면증후군 특유의 감정들을 뒤로하면 자신에 대한 시각이 변할 뿐 아니라 이전에는 꿈꾸지 못했던 새로운 소망들이 떠오를 수 있다는 사실이다.

자기 삶을 집중적으로 들여다보면서, 당신이 스스로를 제외한 많은 사람을 행복하게 만들고 있었음을 깨달았을지도 모른다. 삶을 돌아보며 몇 가지를 후회하고, 놓친 기회들을 아쉬워할 수도 있다. 그래서 불만족이 먼저 찾아올지도 모른다. 하지만 이런 과정을 통해 자신의 필요에 맞도록 삶을 개발하는 기회가 찾아온다.

이것은 좋은 일이다. 옛 패턴을 고수하면서 주로 타인들의 기대만 채우려 하다 보면, 계속해서 자신에게 맞지 않는 역할로 휘말려 들어갈 위험이 크다. 따라서 줄곧 자신이 사기꾼처럼 느껴지는 것도 놀랄 일이 아니다. 반면 일상을 차츰차츰 당신 자신의 필요에 맞추면, 단순히 자기 자신으로 사는 일이 훨씬 쉬워진다.

다만 불쑥불쑥 옛날의 가면증후군적 사고가 찾아와 당신을 불안하게 할 수 있다. 이 책을 쓰기 시작할 때 나도 그것을 경험했다. 이런 현상은 자연스러운 일이므로 불안해할 필요가 없다. 중요한 것은 오히려 당신이 얼마나 빨리 다시금 일그러진 거울의 영향으로부터 자유로워질 수 있는가다. 그런 당신을 위해 마지막으로 몇몇 조언을 준비했다.

가면증후군 기본 공식

아직도 초등학교 때 구구단을 외우던 기억이 난다. $7 \times 4 = 28$ 이런 식으로 어느 순간 답이 총알처럼 튀어나올 때까지 우리는 계속해서 구구단을 입에 붙였다. 지금도 8 곱하기 4는 얼마인지 물어보면 생각할 필요도 없이 금방 답이 튀어나온다. 이것은 아주 필수적인 일이다. 많은 계산이 구구단을 기초로 이루어지기 때문이다. 구구단을 외우지 못하면, 계산을 제대로 할 수가 없다.

가면증후군에서도 당신이 외우고 있어야 할 아주 기본적인 명제들이 있다. 이런 명제들은 당신이 내면의 일그러진 거울에 계속해서 속지 않도록 도와줄 것이다. 나는 이런 명제들을 기억에 쏙쏙 남도록 단순화해서 정리해 봤다. 한밤중에 눈을 떠서도 금방 저절로 중얼거릴 수 있도록 이런 명제들을 반복해서 읽어 외워두도록 하자.

충분한 것이 완벽한 것보다 낫다

완벽해지려는 생각은 잊자. 한편으로는 완벽함에 도달하는 게 불가능해서 계속 자신에게 불만족하게 되기 때문이고, 다른 한편으로는 이미 좋은데 더 완벽해지려는 노력에 너무나 많은 시간이 소요되기 때문이다. 그러므로 또다시 실수로 인해 괴로운 심정이 된다면, 당신은 기계가 아니고 다행히 인간임을 기억하자.

모두가 빈말을 할 수는 없다

여러 사람이 당신을 칭찬한다면 그냥 그 말을 믿자. 다수인 다른 사람들이 맞고 당신이 잘못되었을 가능성이 훨씬 크다. 나는 내가 가장 잘 안다고 생각할지도 모른다. 그렇지 않다. 당신은 당신에 대해 선입견이 가장 많은 사람이다. 따라서 당신의 눈에는 다르게 보일지라도 그냥 다수결로 정하라.

무턱대고 내면의 비판자 말을 믿어서는 안 된다

우리는 자신의 능력과 다른 사람들의 피드백은 의심하면서, 내면의 비판자가 하는 말은 진위를 캐묻지 않는다. 내면의 비판자가 충분히 잘하려면 아직도 멀었고, 훨씬 더 나아져야 한다고 다그치면, 우리는 그 말을 무턱대고 믿는다. 하지만 우리의 자기비판은 순수한 사실이 아니라 거절이나 다른 부정적 결과에 대한 두려움에 근거한다. 그러므로 자신의 평가를 의심하고, 어떤 증거들이 그에 부합하며 어떤 증거들이 그에 반하는지를 살펴보라.

세상은 개똥만으로 이루어지지 않았다

풀밭은 아름다운 꽃으로 우리를 기쁘게 하지만 그곳엔 개똥도 가끔 있다. 개똥을 밟기 싫어서 개똥에만 집중하면 자연의 아름다움을 보지 못하고 지나치게 된다. 당신의 강점과 약점도 마찬가지다. 세상이 개똥으로만 이루어지지 않은 것처럼, 당신도 순전히 약점만 지닌 사람이 아님을 늘 의식하라. 실수를 저지르지 않을까 불안해하며 결점에만, 약점에만 주목하지 말고 잘한 일, 성공적으로 한 일에도 시선을 돌리라.

자기 칭찬에 인색하지 말자

어릴 적 자신을 칭찬하는 것은 그리 바람직하지 않은 일이라고 배웠다 해도, 이제 당신의 성취와 강점을 존중하고 인정하라. 그러면 자신감이 강화되고 자기 의심이 적어진다. 따라서 당신이 성공한 일 목록을 잘 보충해 가며, 늘 한 번씩 읽자.

두려움은 좋은 조언자가 아니다

실패를 두려워하다 보니 우리는 도전이 되는 과제를 회피하거나 과도하게 준비하곤 한다. 이런 행동으로는 새로운 경험을 하지 못하고 우리가 얼마나 잘하는지 결코 알 수 없게 된다. 우리는 두려움 안에 거함으로써 두려움을 도리어 강화한다. 그러므로 두려움을 지각하되, 두려움이 주도권을 쥐게 하지 말라.

감정도 틀릴 수 있다

감정에 끌려다니지 말라. 무엇보다 자존감을 공격하는 감정들을 불신하라. 그런 감정이 설 자리를 허락하지 말자. 그런 감정들을 적은 뒤 찢어 버리거나, 태우거나, 다른 방식으로 없앰으로써 거리를 두는 게 좋다.

규칙적으로 양치질하는 것처럼 안티 가면증후군 전략을 실행하는 일도 루틴이 되어야 한다. 한참을 생각해야 전략이 떠오른다면, 제대로 체화되지 않은 것이고 당신은 머잖아 다시 가면증후군에 시달리게 될 위험이 높다. 그러므로 매일 저녁 내가 오늘은 어떤 일을 잘 해냈는지, 어떤 긍정적인 피드백을 받았는지, 무엇을 자랑스러워할 수 있을지 메모하는 습관을 들이자. 그 연습은 5장에서 찾을 수 있다. 이런 연습을 저녁 루틴으로 삼을수록, 피가 되고 살이 되어 당신의 정신은 윤택해질 것이다. 이것은 예방조치이자 매일의 정신 훈련인 셈이다. 연습은 몇 분 걸리지 않지만, 그로 말미암아 당신의 지각과 자기 평가는 크게 변화한다.

이제 가면증후군 기본 공식으로 무장한 당신은, 세상과 당신을 새롭게 발견하고 계속해서 경탄할 준비를 마쳤다. 내 경험을 이야기하자면, 가면증후군에 더는 시달리지 않고 자신을 사기꾼처럼 느끼지 않는 것은 너무나 자유롭고 홀가분한 기분이다. 이제 당신 차례다. 스스로 얼마나 실력 있고 유능하며 괜찮은 사람인지를 끊임없이 발견하는 기쁨을 당신도 매일매일 누려야 한다.

독자들이 각각의 단계를 잘 따라와 줘서 기쁘다. 스스로를 알아가는 과정에서 나의 독자들이 무엇을 만날지 생각만으로도 설렌다. 여기 내 이메일info@coaching.azur.de을 통해 내가 소개한 연습으로 어떤 경험을 하고 있는지, 혹은 어떤 어려움과 계속해서 싸우고 있는지 이야기를 들려주기 바란다. 내면의 일그러진 거울을 타파하는 데 도움이 필요할 경우 개인적인 코칭도 제공하고 있다.

자, 시작해 보자! 모두의 성공을 기원하며…,
미하엘라 무티히

에필로그

"정말요?" 마를라는 눈이 휘둥그레져서 상사를 바라본다. 그녀의 가슴이 방망이질 친다. 마를라는 방금 다른 부서에 관리자 자리가 났으며, 상사가 그 자리에 자신을 추천했다는 이야기를 들은 참이다.

"저어…." 마를라는 침착하려 애쓰며 다음 말을 고른다. 그러니까 상사는 자신이 그 자리에 갈 만한 사람이라고 생각한다는 소리가 아닌가. "어떻게 저를 추천해 주셨는지요." 마를라가 당혹스러움을 숨기려 애쓰는 모습을 보면서 상사는 빙그레 미소를 짓는다. "마를라 씨가 여기서 정말로 일을 잘하고 있으니 추천했지요. 당신은 성실하고 믿음직한 직원이잖아요. 어떤 프로젝트를 맡기든, 늘 잘 해내고요. 물론 갑작스러운 제안에 놀랐을 테죠. 한번 생각해 보고, 며칠 내로 알려줄래요?" "네, 그렇게 할게요."

상사의 집무실을 나오면서도 마를라는 어리둥절하다. 새로운 직책을 맡는 건 자신의 커리어에서 커다란 도약이 될 것이다. 그러나 동시에 꽤 막중한 책임을 져야 한다. 해낼 수 있을까? 몇 주 전이라면 너무나 부담스러워서 고사했을지 모른다. 하지만 지금은? "많이 변했어. 난 달라졌어. 내가 정말 잘하고 있다는 게 서서히 인정된다고. 완벽하지는 않지만, 아주 잘 하고 있다고. 새로운 도전이 기대되는 이런 기분은 처음이야. 그 일을 통해 내가 성장하리라고 확신해. 그래. 난 이 일을 받아들일래. 잘 할 수 있으리라 믿어." 마를라는 자신의 사무실로 들어가 창문을 활짝 열어젖힌 후 눈을 감고 심호흡을 한다. 햇살이 피부에 따스하게 내리쪼이고, 가슴이 설렌다. 흠, 인생은 아름다워!

옮긴이 **유영미**

연세대학교 독문과와 동 대학원을 졸업한 뒤 전문 번역가로 활동하고 있다.
옮긴 책으로《스텔라》《더 클럽》《삶이라는 동물원》《안녕히 주무셨어요?》《왜 세계
의 절반은 굶주리는가》《매일 읽는 헤르만 헤세》《울림》《여자와 책》《우리에겐 과학
이 필요하다》등이 있다. 2001년《스파게티에서 발견한 수학의 세계》로 과학기술부
인증 우수과학도서 번역상을 수상했다.

나는 왜 나를 못 믿는 걸까?

첫판 1쇄 펴낸날 2023년 6월 26일

지은이 | 미햐엘라 무터히
옮긴이 | 유영미
펴낸이 | 지평님
본문 조판 | 성인기획 (010)2569-9616
종이 공급 | 화인페이퍼 (02)338-2074
인쇄 | 중앙P&L (031)904-3600
제본 | 서정바인텍 (031)942-6006

펴낸곳 | 황소자리 출판사
출판등록 | 2003년 7월 4일 제2003-123호
대표전화 | (02)720-7542
E-mail | candide1968@hanmail.net

ⓒ 황소자리, 2023

ISBN 979-11-91290-24-0 03180